高等院校"十三五"
法学管理实验实训教材

法学实训教程

Legal training course

主　编　陈彦艳
副主编　董占军　张瑞军

经济管理出版社
ECONOMY & MANAGEMENT PUBLISHING HOUSE

图书在版编目（CIP）数据

法学实训教程/陈彦艳主编 . —北京：经济管理出版社，2017. 12
ISBN 978 - 7 - 5096 - 5245 - 9

Ⅰ.①法…　Ⅱ.①陈…　Ⅲ.①法学—教材　Ⅳ.①D90

中国版本图书馆 CIP 数据核字（2017）第 168357 号

组稿编辑：王光艳
责任编辑：许　艳
责任印制：黄章平
责任校对：赵天宇

出版发行：经济管理出版社
　　　　　（北京市海淀区北蜂窝 8 号中雅大厦 A 座 11 层　100038）
网　　址：www. E – mp. com. cn
电　　话：（010）51915602
印　　刷：玉田县昊达印刷有限公司
经　　销：新华书店
开　　本：720mm × 1000mm/16
印　　张：14. 75
字　　数：262 千字
版　　次：2018 年 1 月第 1 版　　2018 年 1 月第 1 次印刷
书　　号：ISBN 978 - 7 - 5096 - 5245 - 9
定　　价：48. 00 元

目　　录

第一编　诊所法律教育

第一编　诊所法律教育

第一章
诊所法律教育概述

第一节　诊所法律教育的历史发展

诊所法律教育，通常被称为"通过实践来学习"，是指在教师的指导和监督下，通过学生积极地参与法律程序的不同方面来教学。诊所法律教育的实施机构为法律诊所。法律诊所为全面提高法律教育质量发挥了重要作用，同时有助于解决职业作风和道德水准问题。①

一、诊所法律教育的产生和发展

诊所法律教育，英文名为 Clinical Legal Education，这种新的法学教育方法兴起于美国。起初，诊所法律教育并不是美国法律教育的一种。在 18 世纪末之前，美国的法律教育主要在律师事务所里进行，这也被称为学徒制的法律教育。学生向实务经验丰富的律师学习，以此来提升自己的实务能力，学习内容主要包括阅读文章文献、分析研究案例、复印资料、观察律师办案等。由于美国大学中法学院的数量急剧增长，19 世纪 30 年代左右，学徒制渐渐退出法律教育的历史舞台，由各法学院取而代之。19 世纪 50 年代后，学院制的法律教育模式已经成为最主要的法律教育方法。但这种法律教育方法在弥补学徒制法

---

① 波兰法律诊所基金会. 法律诊所——理念、组织与方法［M］. 许身健，译. 北京：北京大学出版社，2013：6 - 7.

律教育方法不足的同时，也存在矫枉过正之嫌。学院制模式下，教授们更多地关注学术理论研究以及对学生进行学术训练，而忽视了对学生实践技能的培养。这种模式造成学校供给与社会需求的脱节，大量法学专业学生在校所学不能满足社会的需求，进一步导致了法学教育在很长一段时间内处于低迷状态。20 世纪 60 年代，美国民权运动的兴起为诊所法律教育的发展提供了契机，人们开始认识到法律规则与法律实践之间存在着的巨大差距，并寻求如何更好地将法律实践与法律规则相衔接。于是，在美国福特基金会（Ford Foundation）的支持下，各法律专业院校建立诊所式法律教育机构。其实，这一教育模式来源于医学院中的诊所教育模式，在医学院就读的学生必须要投入到临床实践当中，通过临床实践来掌握诊断技术和疾病的治疗方法。当这种医学教育模式被引入法学教育中时，"法律诊所"这一法学领域的特有名称就出现了。这种教育模式的优势在于将理论教学与实践教学相融合，在法律教育中加入技能训练，使学生在学习理论的时候还可以同律师实务相结合，以此实现理论与实践相结合的目标。

二、诊所教育在中国的发展

随着中国法学教育的深入，为推动法学教育的改革，在总结美国诊所法律教育模式的基础上，在美国福特基金会的资助下，在 2000 年 9 月，中国人民大学、北京大学、清华大学、复旦大学、华东政法大学、武汉大学、中南财经政法大学陆续开设了诊所法律教育课程。到 2002 年，中山大学、西北政法大学、四川大学、云南大学中相应的法学院、系也开设了该课程。同年 7 月，经中国法学会批准，"中国法学会法学教育研究会诊所法律教育专业委员会"（Committee of Chinese Clinical Legal Educators，CCCLE）成立，对诊所法律教育事业在中国的普及和发展起到了极大的推动作用。此后，国内各高校法学院、系陆续开设诊所法律教育课程。

第二节　诊所法律教育的特色及目的

一、诊所法律教育的特色

(一) 案件材料的真实性

在传统法律教育的思维培养过程中,所有的教学案件材料都是已知或虚拟想象的。开展模拟法庭训练和案例分析课程时,也都是以虚拟或者已经发生过的案件作为分析材料。

法律诊所教学方式是建立于真实的案件背景材料和真实的当事人基础之上的。学生通过办理真实案件,可以参与到整个案件的所有环节,在这一过程中学习解决实务问题的方法和技巧。同时,该教学方式能够培养学生的判断力和责任心,使学生对律师这一社会角色有初步的感受,进而增强学生的职业责任心和社会责任感,以及对法律制度、法律知识和法律条文的更深层次的理解。

(二) 教学方式的多样性

课堂讲授是法学院的传统教学方式,又被称为"灌输式"教学方式。在这种教学方式下,教师是整个课堂教学的主导者,所有的课程内容都由教师来掌控把握,学生只能被动地接受知识。虽然这种方式对学生学习理论知识起到帮助作用,但因教师与学生之间很少进行专业问题的讨论和交流,所以学生不会独立思考,更不会正确处理"教"与"学"之间的关系,不利于学生思辨能力的培养。在诊所法律教育模式下,运用的教学方法多种多样,既有课内的分组角色模拟训练、互动式个案指导,又有课外真实的案件代理。这打破了教师主导课堂的模式,体现了互动的教学方法,大大增进了师生之间对专业问题的讨论和交流。诊所式法律教育使学生有机会说出对知识的疑问,教师可以在听取学生意见的过程中,有针对性地提出问题,以此引导学生对问题进行深入思考,再由学生在讨论总结时针对不同的观点进行评述,从而实现教学相长、互动交流的教学效果。在整个诊所式法律教育的过程中,学生大量参与到实践中,突出了学生的主体地位，更加调动了学生学习的主动性和积极性。

（三）学生思维方式的主动性

与传统的被动式教学模式相比，诊所式法律教育是一种要求主动学习的教学模式。法律课程具有极强的实践性，只学习理论知识是不能学好法律的，必须要进行大量的实践。传统的法律教育严重忽视实践的重要性，单纯追求理论学习。而诊所式法律教育注重实践和理论相结合，很好地解决了这一问题。学生参与真实法律问题的解决过程，不是作为程序之外的旁观者，而是作为程序中负有责任的相关人，通过对法律的实际运用更好地认识法律和理解法律。诊所式法律教育过程中，严格的师生界限被打破，没有传统教育模式中教师的居高临下，师生同为具体案件的承办人。课堂教学以所承办的真实案件为中心，这与学生有着直接或间接的关系，会促使学生积极主动地参与到课堂教学活动中。遇到问题时，教师不会直接给学生答案，而是通过提示与引导，帮助学生自行寻找答案解决问题。随着具体案件情况的变动，工作的思路和方法也要不断随之调整，这对于调动学生的积极性与主动性具有重要意义，从而使学生真正成为课堂的主人。诊所式法律教育模式下，学生开始主动思考，表达自己的观点，这是对学生独立思维能力的提高。学生在学习中以律师的角度出发思考问题，为当事人的利益考虑，而不是作为一个孤立的中立方来看待问题，这就要求学生具体问题具体分析，将学习的法律知识同实际案情结合起来，以当事人的利益为出发点，寻求解决问题的最佳途径。

（四）评价方法的独特性

学习成绩一直是教学中的评价标尺，与此不同的是，诊所式法律教育根据教学目标创造出一种新的课程评价方法，评价对象包括学生通过实践所获得的技能以及为获得这些技能所进行的思考。诊所式法律教育的课程评价方法来源于其教学目标，贯穿于整个诊所式法律教育的过程。评价内容也是多方面的，其中包括计划制定、行动过程和反思。评价内容既有专业和技巧方面的，也有其他综合素质方面的；既有教师对学生的评价，也有学生对教师的评价，以及学生之间的评价和学生的自我评价。在教师对学生的评价过程中，以不同教学阶段的教学目标为导向，从而使评价的功能贯穿于整个教学活动中。在所有的评价中，最重要的评价不是教师对学生的评价，而是学生对自己的自我评价，因为学生更关注自己所承办案件的工作成效，关心当事人对案件办理结果的满意度，注重对自己所承办案件的感受。自我评价是学生自我学习、自我提高的过程，更能直接体现学生的思考和个性化。这是与传统教学方式相比显著的优势之一。评价的目的在于通过评价学习，将评价融入学习之中，使评价在学生的学习过程中发挥作用。

（五）教学内容的实践性

诊所式法律教育，在教学过程中注重理论和实践的结合，以求实现从理论向实践能力培养的转化。诊所式法律教育的教学内容都是围绕学生从一个听课者到一个主动的办案者的身份转换和技能提高而设置的，在解决具体实践问题的过程中，培养学生的专业实践能力。在课堂教学上，任课教师以学生们所承办的真实案件中遇到的实际问题为核心展开教学，由于关乎每位同学承办的案件，所以学生会更加积极主动地参加到课堂教学互动中，根据案件的实际需要，由学生扮演案件中的不同角色，这有利于培养学生在多角度观察问题的同时运用理论知识解决问题的能力，并在角色模拟时学习他人的经验和技巧，对比自己的工作方法并发现不足，从而使学生学会如何学习，对学生个人素质和综合能力的提高有很大帮助。此外，在诊所式法律教育包含很多方面的教学内容，既包括相关法律专业知识、技能的传授，又包括社会交往能力的锻炼。例如，如何同客户进行交谈、如何答复客户提出的问题。同时诊所式法律教育还包括职业责任心的教育，从这个角度来看，诊所式法律教育还担负起道德伦理教育的责任，使即将迈入社会的法科毕业生养成尊重当事人、服务当事人的职业操守。

（六）职业伦理的重要性

诊所式法律教育除培养学生实践教学技能外，还注重对学生法律职业伦理的培养。培养方式主要体现在：首先，诊所中的一些固定课堂教学内容，如"律师与法官的素质要求"、"法官的角色定位"、"法官怎样运用法律规则"、"司法中的歧视"、"法律职业伦理"、"法律与社会公正"、"法律与贫困"等，已经超出了解决法律实务问题的范围，其目的是要引导学生学会以社会为基本点思考法律的价值，再从法律的角度追求社会的公正。[①] 其次，法律援助制度的出现是诊所式法律教育产生的原因之一，越来越多的贫困社会群体可以通过高校内的法律援助机构来解决自身遇到的法律问题。学生在法律诊所为社会上的弱势群体提供法

---

① 许身健，袁钢．法律诊所［M］．北京：中国人民大学出版社，2014：135.

律援助时，会使学生深刻体会到法律职业的高尚性和法律职业的价值所在。在无偿提供法律援助的前提下，学生提供法律援助服务不是受到经济利益的驱使，仅仅是凭借着人生而具有的正义感和爱心为当事人伸张正义，这有利于激发学生的社会责任感和正义感。

二、诊所法律教学的目的

（一）服务弱势群体，培养学生的公益精神和职业责任感

1. 服务弱势群体

诊所式法律教育是在教师的专业指导下，由学生向社会上经济困难的弱势群体提供无偿的法律援助服务。对于诊所式法律教育中培养学生技能与提供法律服务两者相比，究竟何者更为重要，大家各执一词，始终未有定论。但本书认为，诊所式法律教育的目标应包括为弱势群体提供法律援助服务。很多美国学者提倡诊所式法律教育首先是在法学院指导下的法律援助组织，并应具有为贫困弱势群体提供法律援助的公共服务功能，以及以诊所式法律教育为基础为学生提供法学教育的功能①，而不应将两者严格地割裂开来。

2. 培养学生的公益精神和社会责任感

学生在诊所办理真实的、当事人委托的案件，为当事人提供无偿的法律服务。该种形式可以作为社会公益活动的一种，与一般的公益活动相比，它更容易培养和增强学生的正义感和公平理念，帮助学生更好地体会法律工作者的社会责任感和职业道德。特别是在案件的实际办理过程中，学生对案件当事人来说至关重要，当事人对学生也极其重视，学生在不同案件或者同一案件不同情况下分别担任咨询员、调解员、诉讼代理人角色，尽最大努力满足当事人的需求，并要针对不同情况不断地调整法律的适用，摸索并学习自己与当事人之间关系的处理方法，如遇到矛盾冲突时如何巧妙解决，对很多不便公开的案情如何做到保密。

---

① 李放. 互动教学法——诊所式法律教育［M］. 北京：法律出版社，2004：3.

（二）夯实法学专业基础，增强法律思维能力

以往的法学教育中，思维培养是建立在已知案件或虚拟想象的案件的基础之上，这存在明显的弊端，即学生的思维方式与法院法官的思维方式相同，在解决具体问题时，力求做到中立以及从客观的角度做出判断。在诊所式法律教育过程中，所有案件均为真实的待办案件，学生在办理案件时，参与案件的整个过程并了解案件的细节，这有利于激发学生学习的自主性和积极性。在办理案件之初，遇到各种错综复杂的法律关系和问题时，学生会感到无从下手。但经过一段时间的熟悉了解以及教师的指导帮助后，学生就能够应对案件中遇到的未知情况和突发事件，自身的潜能被激发出来，学生可以将自己所学全部应用到案件当中，学会从多个角度思考案件中的问题，从而增强自身的法律思维能力。

（三）以实践为基础，培养法学专业学生的职业技能

诊所式法律教育模式下，教师要求学生进行角色扮演、分组讨论、头脑风暴、案例模拟等课堂活动，以保证学生可以参与到案件办理的全部过程和案件细节中，不会因对角色的不了解，而不能参与到案件的某一环节当中，教师还会有针对性地训练学生接待当事人、法律咨询、收集分析证据、谈判、调解、起草法律文书、拟定案件策略等职业技巧，全方位地训练法学专业学生，为其今后的职业生涯奠定基础。

第三节　诊所法律教育的教学方法

一、角色扮演教学法

（一）角色扮演教学法的概念及特点

角色扮演教学法，是指由教师预定演练目标并事先选取真实案件的片段，由学生扮演不同的角色，学生通过不同角色的扮演来体会各种角色的感受、训练相关的法律技能、解决相应的法律问题、达到预定目标的一种教学方法。角色扮演

是法律技能教学手段中成本较低的一种，所以也是一种理想的诊所教学方法。学生在接触真实案件并为当事人代理案件之前，都会被要求不断进行各种角色的扮演，目的是学习、掌握不同法律技能的策略、方法与技巧，为案件代理过程中的实际运用做好准备，最终实现最大限度地维护当事人的合法权益，取得当事人的认可。

角色扮演教学方法在教学过程中会运用到会见当事人、法律咨询、法律抗辩等诸多实务技巧，因此，该教学方法具有直观性和可重复性的特点。

（二）角色扮演方法的实施

合理选择角色扮演的基本材料：第一，角色扮演所选用的素材应当与诊所教学目的及教学内容相符合。第二，应考虑应用于角色扮演的素材的现实性和客观性，因此，可以从学生手中正在办理的典型案件中选取某些片段。第三，实用性是选择角色扮演素材的硬性要求，所选的素材必须能够使学生置身到角色氛围当中去，体验相应角色的真实感受。角色扮演的内容主要有：每次角色扮演演练的时间及课时数、角色练习的主题、案件事实材料、角色演练的目标和任务、事先需要完成的阅读及其他准备事项等。

1. 安排场所

根据具体情况的需要，角色扮演演练的场所要有不同的安排，而不是固定不变的，大多数的模拟演练都可以在课堂完成，但具有特殊技巧训练内容的演练则需要在模拟法庭进行，例如，演练法庭中角色之间的抗辩。

2. 分配角色

角色扮演教学的任务角色主要有当事人、代理人、法官、检察官、证人等。角色的分配要在每次角色演练之前安排妥当，目的是保证整个演练活动的顺利展开。具体的角色分配方法可以根据情况自行拟定，例如，学生自主选择或者由教师根据学生个人情况进行指定等。没有庭上角色的同学，可以加入到观察员队伍当中。作为观察员，这些学生并不参与表演，但他们要对演练过程进行观察和记录，在演练结束后，根据自身感受对演练进行评价。

3. 学生角色演练

角色演练中，学生对角色的感受来源于自己参与的角色演练，学生将自己在课堂上学到的理论知识和有关法律技能的基础知识，与自己对具体案件事实和相关法律适用的理解充分融合，通过角色演练学习和掌握相关法律技能的实际运用。诊所式法律教育的核心就在于学生演练中的角色扮演。在条件允许的前提下，对学生演练过程进行录像，目的是在演练结束后对演练结果进行评价和总结以及对学生进行有针对性的后期指导。

4. 观摩和评价

（1）学生的评价。除参加角色演练的同学外，其他同学应作为观察员对演练进行观摩。观察员要将整个演练过程的重要内容进行记录，对各角色扮演者的特点、优势和不足都要进行记录，该记录是小组成员演练活动直接的信息反馈，参与扮演的同学可以针对信息反馈进行改进。这种方法应用对于参演同学和观摩同学提高自身技能都有很好的帮助作用。

（2）教师的指导、点评。角色扮演教学方法中，教师的指导、点评有两种基本方法，即辅助型和主导型。

辅助型指导方法，要求学生以观察员的评价为主，教师的指导点评为辅。具体来说，就是在完成角色演练后，先由在场的观察员对角色扮演者及演练活动进行直接的评价。观察员评价后，再由教师进行必要的补充评价。这种方法对观察员学生的要求较高，一般适用于熟悉诊所教学并具有一定专业知识储备的学生。

主导型指导方法以教师的指导和点评为主。在学生角色演练结束后，先听取观察员的评价，如果教师认为观察员的点评还没能达到教学目标，就要对观察员评价中遗漏的内容进行必要、具体的点评。这种教师主导的评价方法，一般适用于专业基础较薄弱的学生。

点评内容应包括学生角色演练中好的方面和有待改进之处，具体可以涉及学生演练时的举止谈吐、对案件事实的认识、证据的运用情况、法律技能的运用情况等。在某些情况下，教师可以对演练中存在的问题进行亲自示范指导，学生以此为指导，针对自身进行修正，深入对问题的理解。

（三）运用角色扮演教学法应注意的问题

第一，观察并如实记录学生在角色演练中的真实表现，并且做出及时的评价。

第二，教师在指导评价时要做到准确、明晰，并且要具有针对性。

二、反馈评价教学法

（一）反馈评价教学法的概念、特点

反馈评价教学法（Case Round）又称为"案件研讨教学法"，是一种来源于医学院的教学方法。在医学院的教学中，教师会固定地按照一定的时间段对实习医生的工作状况进行检查，这有利于教师及时发现问题和解决问题，给予实习医生及时准确的指导。到 20 世纪 70 年代，这种教学方法在诊所式法律教育中得到了广泛的运用。诊所教学过程中，学生们根据指导老师的具体要求，在规定的时间里，将自己承办案件的工作进度及时向指导教师以及其他同学进行汇报，并将自己在案件代理过程中的心得体会同教师和其他同学进行交流，最终在教师的主导下，由班级全体同学共同讨论决定问题最合适的解决方法。这就使学生可以将自己所有的意见和观点充分发表出来，学生通过教师对自己的点评，总结自身的不足，从而有针对性地开展下一阶段的学习。

反馈评价教学法的特点：

第一，信息反馈及时。反馈评价教学法注重信息的及时反馈，因为信息的及时反馈可以使教师的教学工作和学生的学习都能有针对性地进行调整。

第二，优化学习途径。学生在一次又一次的信息反馈交流中得到有益的启发，尽量避免碰壁，帮助其更好地解决实际问题，选择最适合自己的学习途径。

第三，提升实践能力。在教师与学生就遇到的专业问题进行讨论与交流时，学生会发现自己存在的不足之处，以及如何弥补自身的不足，从而进行针对性的改进。师生间进行信息的传递，可以达到互相学习、取长补短、拓宽思路的目的，并有助于提高教师的教学能力和学生的学习能力。

（二）反馈评价教学法的实施步骤

1. 信息交流反馈

学生为案件办理所进行的准备和实际的办案过程以及办案的结果是诊所式法律教育信息反馈的主要内容。可以针对自身特点采用不同的反馈形式，既可以由教师与每个学生单独进行信息的反馈与交流，也可以安排全体同学进行集体的信息反馈。目前，诊所式法律教育中主要采取集中式的信息反馈方式。而集中式信

息反馈会在固定分组的基础上，兼采自由组合、混合编组的方式。

2. 工作的讨论与评价

评价的对象是诊所法律教育中学生反馈的信息。评价分为指导教师评价、学生自我评价和其他学生评价，因此评价者主要是指导教师、学生自己以及其他学生。由以上主体对学生通过实践所获得的技能以及为获得这些技能而做出的思考进行评价，一般不会对学生的信念、态度、价值等进行评价。评价的具体方式既可以是简单的口头评价，也可以形成书面评价意见。评价不是传统的以分数高低作为评判的唯一标准，而是将学生面临问题时做出的思考以及问题的解决效果作为评价的主要标准，制定案件处理方法、案件实际操作过程和案件办理结束后的反思均会被纳入评价标准中。反馈评价教学方法在做出总结性论断的同时，会提出建设性意见，通过对学习的评价，将评价融入学习之中，使评价在学生的学习中发挥重要作用。在评价活动开始之前，指导教师应制定出讨论和评价的规则，这些规则既可以产生于教师一人之手，也可以由教师和学生共同讨论确定。评价规则一般应当包括：学生要积极参与讨论与评价；学生应公平分享发言的权利；发表评价意见应当客观、真诚；遇到观点分歧时，应尊重他人的意见；等等。要保证讨论评价时有充分开放的气氛，推动学生发散思维，从而对各种想法进行归纳总结，最终确定思考结果，避免由教师一人进行活动的评价与指导。

(三) 反馈评价教学法运用时应注意的问题

1. 对评价方法的掌握和运用

反馈评价教学的核心是对学生的反馈信息进行评价。教师可以通过学生实际办案反馈的信息进行教学重点的调整，学生也可以通过教师的评价来调整自己的学习。教师应对学生反馈的信息进行及时评价，并在评价后及时将其回复给学生，帮助学生改进实际操作技能。在反馈评价时，要注意以下问题：第一，反馈要及时，高效及时的评价反馈有利于提高效益；第二，反馈要准确，就同一问题遇到不同意见，特别是模棱两可的意见时，切记不能不置可否，要给出确切的答复，防止给学生以错误引导，影响学生的学习效益，从而失去评价的作用；第三，评价要有重点，要将反馈的重要信息和一般信息进行不同程度的评价，重要的信息要多次反复评价，一般信息可以进行简单的评价，以提高评价的效率和水平。

2. 激发学生参与讨论和评价的积极性

要激发学生参与讨论和评价的积极性，首先要鼓励学生，培养学生的自信心，并且让学生感受到教师对自己的信任，并且要着重鼓励性格内向的学生发表自己的意见。其次要为学生提供一个自由与开放的讨论氛围，针对部分学生过多发言的情况，教师要进行巧妙地处理，防止挫伤学生的积极性，积极促动所有学生参与到讨论中。

3. 以评价主题为核心展开讨论

首先，要及时收集学生反馈的信息；其次，要在了解学生所反馈信息含义的基础上，对信息进行判断和确认；最后，对于反馈的信息要做积极适时的干预和指导。

三、录像回放教学法

（一）录像回放教学法的概念、特点

录像回放教学法是指教师对相关录像（包括国内外影片、学生代理案件的录像等）进行编辑，选取某些录像资料的片段播放给学生观看，学生通过观看录像片段，借鉴、模仿他人的成功经验，或者反思他们的行为，从而帮助其掌握法律技能的一种教学方法。

录像回放教学法的特点是信息量大、形象直观、便于操作，所以其应用的范围也较广。

（二）录像回放教学法的实施步骤

1. 熟悉录像资料

将熟悉的相关录像回放片段作为教学材料，掌握演练所涉及的相关法律技能，要熟悉录像资料所涉及的时间、地点、当事人、纠纷性质、争议焦点、证人证言、鉴定意见、相关的法律规定等诸多情况。

2. 确定观看录像后需要讨论的主题

选取讨论内容应立足于学生的知识、阅历和能力；目的是引导学生积极探

索，激发学生的学习欲望；要在录像片段中确定讨论的主题，既可以将录像中值得学生学习和借鉴的法律技能作为讨论的主题，也可以将录像反映出的需要提高或改进的内容作为讨论的主题。

3. 播放录像片段

将事先选择好的录像材料进行播放，可以围绕某一主题进行完整播放，也可以将几个相近主题的录像片段进行对比播放。

4. 讨论点评

录像片段播放结束后，观看学生要就自身的真实感受做出评价，所有学生评价结束后，教师进行总结评价。

（三）运用录像回放教学法应注意的问题

第一，选取录像材料时应紧紧围绕主题，并且时间不可以过长，一般控制在3～5分钟为宜。

第二，就所选取的录像片段，学生观看后可能发表的观点以及可能存在的其他问题，教师应进行预判，而且要针对这些问题事先做好准备。

第三，对学生的主要观点应进行详尽、准确的记录，最终作为点评的素材使用。

第四，在对学生进行指导和提出建议时，应尽量做到具体翔实、有针对性，能够为训练和提高学生的实践能力提供切实的帮助。

第五，对演练中出现的重要内容和争议较大的问题，要进行重复演练，并且教师要进行亲自演练指导，帮助学生更好地解决自身存在的问题。

四、头脑风暴教学法

（一）头脑风暴教学法的概念及特点

头脑风暴教学法又称智力激励法、脑力激荡法，这种激发创造性思维的方法于1939年由美国创造学家奥斯本首次提出。会议是其具体开展形式，首先要使整个会议过程保持自由愉快、畅所欲言的氛围；其次所有人均可将自己的真实想法表达出来，促使思想火花的迸发，将不同的信息进行集中交流。这种教学方法多用于案件的策略筹划和证据的分析运用等方面。

头脑风暴教学法的特点：

第一，简易便捷。头脑风暴教学法既不需要高深的理论知识作为基础，也不需要十分特殊的环境，实施起来简易便捷。

第二，集众人所长。头脑风暴教学法使学生的思想火花尽情迸发，各种信息进行交流融合，集众人之所长，最终确定最优的结果。

第三，创新性强。头脑风暴教学法不拘束学生个人的想法，学生在参与过程中没有过多的顾虑，对于发掘学生潜在的创造能力具有重要作用。

第四，拓宽思路、培养人才。头脑风暴教学法提倡自由畅谈、禁止批评，所以对于培养学生创新精神以及开阔学生思路具有重要作用。

第五，增强团队精神。头脑风暴教学法以自由表达个人观点为基础，任何人都可以表达自己的想法，其他学生对别人的观点思路进行有益的吸收，这种信息的相互交流可以增强每个人的团队精神和集体荣誉感。

（二）头脑风暴教学法的实施步骤

1. 前期准备

（1）就所讨论的问题，教师应事先做好研究，寻找问题的关键所在，并据此制定所要达到的目标。

（2）布置现场，为促进学生间的交流互动，尽可能选择面对面的现场布置，如使用圆桌。

（3）参与学生的数量一般控制在 8~12 人。人数过多可能导致对每个人发表观点的时间和次数进行限制，达不到预期的效果，还可能出现难以掌控的情况。相反，人数过少将不利于各种思想间的交流，也难以达到预期效果。

（4）时间、地点、所要解决的问题、可供参考的资料和设想以及需要达到的目的等事宜应在会前及时通知到每一位学生，给学生充足的准备时间。

2. 营造氛围

在头脑风暴正式开始前，要通过简单有效的方式营造自由、轻松、愉悦的氛围，先活跃会场气氛，帮助参会学生进入无拘无束的放松状态。教师在阐明讨论规则后，可以引出一些有趣的话题，通过讲一些简短的小笑话和播放音乐等方式达到营造氛围的目的。

3. 明确问题

教师对需要解决的问题进行精练的介绍。不要求介绍得具体详细，只要说明关键点即可，防止过多的讲述限制学生的思维，不利于学生创新力和想象力的发挥。

4. 信息交流

信息交流也就是自由畅谈，为了使学生畅所欲言，并保证这一环节的有序进行，要制定一些基本规则。信息交流开始前教师要向参会学生讲明具体规则，合理安排发言时间，尽量保证学生将自己的想法全部表达出来，如果时间允许，建议在学生发言前给其8分钟左右的独立思考时间，这段时间中学生自由想象，并将所有想法进行整理归纳。之后，学生之间进行大量的信息交流，互相启发，经过这一信息交流过程，学生对所讨论的问题就会有更加深入的理解。此外，教师要对学生的发言进行记录，将学生的独特见解和启发性表述进行整理，为后来的头脑风暴提供参考指引。

5. 信息筛选

经过上一阶段的信息交流，会产生大量与讨论题目相关联的设想，接下来就要对这些信息进行统一的整理与分析，在庞杂的信息里筛选出有实际价值的设想，从而加以开发实施。开发实施是对筛选出的设想进行处理，具体的处理方式包括专家评审和二次会议评审，专家评审的处理方式是由富有实践和教学经验的教师与其他学生组成评议团体。二次会议评审的主体为所有的参会学生，方法是将所有人的评审意见进行整理，再通过各整理结果之间的对比研究，选择最优的方案并确定下来。

（三）运用头脑风暴教学法应注意的问题

头脑风暴教学法在适用过程中必须具有科学的程序，且作为教学对象的学生在参会时要避免盲目从众的心理，应将自己真实的想法充分表达出来，这样才能保证信息的多样性，学生才能通过不同的信息交流产生思维上的共振。头脑风暴教学法的适用过程应注意的问题主要有：

第一，教师要对头脑风暴教学法中所讨论的问题背景有全面的了解，这才能保证教师在发言时能激发学生的灵感。一般而言，在正式的头脑风暴开始前，教师要承担起前期营造气氛的工作，可以通过对学生进行询问的方式，营造一个相对自由的气氛，使学生可以踊跃发言。教师要想办法鼓励学生积极表达自己的观点，一旦学生被鼓励起来，就会出现一个又一个想法，各种观点层出不穷。接下来教师就要依据头脑风暴教学法的具体规则对学生进行适当的引导。

第二，严格遵守头脑风暴教学法的原则。头脑风暴教学法要求绝对禁止对参会学生进行批评，也不能在头脑风暴结束前点评学生的观点，任由学生自主发挥，不做任何的干涉，不论学生的观点是否正确。另外，头脑风暴教学法还要求学生不能进行自我评价，学生提前进行自我评价也会影响到学生创造性思维的发挥，不利于达到教学效果。参会学生之间进行评价也是不被允许的，以免发言时影响别人的思路。这些原则是用来保证给学生一个自由、愉悦的环境，使其不受过多因素的干扰，从而使学生能够集中注意力思考问题，尽可能地激发学生的思维创造能力。

第三，放宽思路，任由学生发挥。头脑风暴教学法不设置条条框框的规则，目的就是要帮助学生拓宽思路，不抑制任何人任何想法的产生，引导学生提出创新性的想法。这一阶段不同于最后评价确定的阶段，想法对错与否都不受限制，目的就是追求想法的数量，数量越多越好，从而可以在大量的想法中进行筛选对比。

五、对谈式教学法

（一）对谈式教学法的概念及特点

对谈式教学法来自美国诊所式法律教育中的"督导制度"。督导制度包括"督"与"导"两个方面。"督"是监督、督促、评估和检查的意思，而"导"是指导、帮助、服务和咨询的意思。对谈式教学法是通过督导制度实现办案过程中教师与学生之间一对一的讨论交谈，以此来寻求解决问题的方法与途径的一种诊所教学方法。

对谈式教学法的特点：

第一，学生高度参与。对谈式教学法主张自主、自由、尊重、平等、信任、多元、创新、合作等精神，这种理念贯穿于对谈式教学的全过程。对谈式教学法可以有效提升学生的参与度，增强学生的主体地位，实现以学定教、教服于学，并能激励学生独立思考与自主创新，逐渐培养学生独立、合作、创新的内在品质。对谈式教学法主要运用于会见当事人、法律咨询等方面。

第二，话题自由。对谈的话题来自学生办理案件过程中遇到的程序或实体上的问题，或者是一些关涉办案的心理问题、社会问题、人际关系问题等。不论是什么样的问题，只要在学生看来与案件办理相关，都可以找指导教师进行交流。

第三，师生沟通、分享。对谈式教学法中主要有真诚沟通、主动表达、互相倾听、相互分享、自我反思、彼此质疑和自主创新等具体行为。师生作为参与者共同完成工作内容，成员要进行独立的思考，所有成员之间，包括教师与学生之间均保持一种地位平等的状态。对于教学中的"话题"，一般不要求具体标准的答案，所以在选取话题时应避免出现有固定答案的情形，否则将会限制学生自由发挥的空间，不利于激发学生的潜能。

（二）对谈式教学方法的实施步骤

1. 提出问题

对谈式教学方法以学生叙述事实和所遇到的问题为切入点。教师针对学生办案或学习过程中遇到的问题进行指导、沟通，既可以探讨诊所教学内容和方法问题，也可以针对办案的思路及办案中的相关问题进行研究讨论。

2. 引导学生

对谈式教学法不同于传统教学方式，学生不再是一种"灌输式"的被动学习状态，教师不能把答案直接传达给学生，而是应与学生处于平等的地位，认真聆听学生提出的问题，弄明白出现问题的原因，再经过自己的整理与编排，以一种引导的方式传授给学生。引导学生时应注意不同学生间的知识基础差异，要对具有不同知识基础的学生给予不同程度和形式的引导，使学生可以在自身知识基础上借助教师适当的引导来思考问题。

3. 筛选和比较

学生在诊所教师的启发引导之下，将自己解决问题的思路和方法谈出来。学生由于专业基础较为薄弱，经验不足，所以想法可能会有对有错，甚至会出现天马行空的想法，但无论想法如何，教师都应对学生的努力结果给予尊重。对于学生在思考时出现的问题，教师应循着学生的整个思考过程来寻找学生出现错误的原因。发现症结所在后，教师不应直接告诉学生哪里出现问题，同样应该以引导的方式帮助学生自己去发现自己出错的原因，使学生在对比中发现自己想法的不足，从而寻求更好地解决问题的方法。传统教学中遇到问题，教师会直接告诉学生问题出现的原因或者答案，而对谈式教学法中，不仅教师要改变传统的教学思路，就连学生也要改变直接向教师获取答案信息的学习习惯。每个问题都需要通过教师和学生共同创造对谈氛围、演示探求真理的过程来解决，这样才能保证最终的结论是学生在教师启发下自主形成的。与其他教学方法相比，对谈式教学法比较耗费时间和精力，同时也是与中国传统教学思路相冲突的，但对于学生而言，方法的好坏取决于教学效果，该方法不会将现成的答案直接教给学生，而是通过锻炼学生的独立思考能力，再加上教师的合理引导，帮助其自主寻找到问题的答案。实践证明，这种教学方法效果显著。

（三）运用对谈式教学法应注意的问题

1. 学会倾听

对谈式教学法必须要由教师对学生的想法进行认真的倾听。这是对谈式教学法适用的前提，师生间的谈话要在教师的启发中开始，在学生的述说中进行、在教师的点评中升华。在教学活动中，教师不但要领会学生语言表达出的真实意思，而且还要理解学生的肢体语言，将学生通过语言交流和行为表现不能表达或遗漏的意思揣测出来。为了使倾听达到预期要求，建议教师在与学生交流时，要保持高度集中的注意力，细心观察学生的每一个举止行为，力求不错过任何一个细节，特别注意学生谈论时使用的词语、表达自己想法的方式、谈论别人时的态度、陈述一个事件时所带的情感色彩，对于学生说话时的语调、语气、语速等的变化调整也要特别注意。

2. 积极及时的回应

教师除了要进行倾听，还要对学生进行适当回应。既然是师生交流，就要有互动的过程，如果教师仅仅是一味地倾听，由学生一人表达，这就不能称为交流，自然也就不能实现沟通所起到的作用。教师对学生的适当回应可以根据教师的个人选择，采用语言形式或者非语言形式。教师应对学生提出的问题和想法给予充分的尊重，并且要鼓励学生畅所欲言，在此基础上了解和掌握学生谈话的内容。综上所述，教师对于学生的谈话应该持鼓励支持的态度，不应该是评判和阻止。教师要避免出现厌恶、气愤等影响学生积极性的神态，多给予学生认可和微笑。

3. 努力营造愉悦的对谈氛围

诱导是对谈式教学法的重要因素，通过诱导进行潜移默化的思想渗透，进而转变人的思路，不同于指导具有一定的强制性色彩，其更容易被接受。具体方法要求开启学生的学习思路，不断引导学生在学习过程中产生自己的创造性认识，为学生提供一个自由的学习氛围。一个愉悦的学习氛围是十分重要的，这需要教师真诚，即在师生关系中展示真实的自我，不伪装自己，让学生了解真实的自己，这对于氛围营造有重要作用。对谈式教学法还要求教师懂得接纳和认可学生，无论学生在这一过程中遇到什么情况、产生何种情绪，教师都要以积极的态度去接纳，并给予理解和帮助。同时，教师要懂得进行换位思考，从教师的角度以及学生的角度去认识学生、认识问题，这样一来就很有可能发现平时忽略的问题，而这些问题对于教学来说可能是十分重要的。

六、合作式教学法

（一）合作式教学法的概念及特点

合作式教学法是一种参与式或者协作式的教学方法，这种教学方法要求将学生作为核心，通过灵活多样的教学手段，鼓励学生积极参与教学过程，使之成为其中的积极成分；加强教师与学生之间以及学生与学生之间的信息交流与反馈，使学生可以掌握并深刻地领会自己所学的知识，且最终将这种知识应用于实践。合作式教学法作为一种参与式教学法，近年来在国内兴起，并在各法学院、系得到推广和运用，而这种方法对于培养学生批判性思维能力具有重要意义。

合作式教学法的特点是主张学生进行合作学习与研究，不仅自己要进步，还要在合作学习中达到共同进步的目的。所以，合作式教学法主要运用于会见当事人、证据分析与运用、案件策划等方面。

（二）合作式教学法的实施步骤

1. 组建办案小组

办案小组成员的数量应合理确定，小组人数过多或者过少都会影响小组学习效率，根据我国各大院校开设诊所法律教育课程的经验，一般每个小组的成员应控制在 3～4 人。保持这个小组人数有利于保证每位小组成员都有参与的机会以及知识来源的多样化，并且便于教师的组织与监控。在进行分组时，要充分考虑学生的个人意愿。这样做的理由在于：第一，学生自主选择的组员是一些兴趣相投、脾气秉性相近并且私人感情也较为不错的同学，有利于进行后期的讨论交流；第二，可以有效防止成员中出现不配合以及消极怠工的情况。在组建小组的过程中，教师应给予必要的建议，每个小组成员的总体知识基础水平要保持基本平衡，对学习成绩好的同学和学习成绩稍差的同学进行合理搭配，并且要协调好成员之间的关系，使每名成员都有思考和表现的机会，培养学生的团队精神，增强其集体荣誉感。

2. 小组合作活动

（1）以实际案件为导向的合作教学模式，是指以学生所代理的案件为基础，教师训练学生在真实的案例情境中全方位、多角度的思考，引导学生在原有知识的基础上进行假设、质疑、推理、反思、讨论，探究客观事实，以挖掘学生潜在的智慧和能力。教师根据学生代理的案件，以办案小组为单位，以学生在办理案件中遇到的问题为线索，告知学生去查找相关文献资料。教师要支持并鼓励学生进行假设和质疑，逐渐激发学生自主学习的热情，使学生在办案过程中再次遇到问题时，能够积极主动地去查阅资料并进行分析讨论，一边为当事人代理案件，一边学习、积累经验，为更好地代理案件打下基础。

（2）以角色扮演为导向的合作式教学模式。作为现代合作式教学法的独特代表，角色扮演教学法有利于培养学生的实际问题处理能力与沟通技巧。通过资料查阅、创设情境、讨论和排练，学生完成课前准备工作，在课堂上需要以课程内容为中心进行真实模拟演练，这时就要模拟当时真实的情景，并需要进行录像。角色扮演结束以后，在教师的主持下学生进行集体讨论和总结。教师在演练过程中也可以参与其中，但只能扮演当事人等辅助角色，代理人和辩护人等角色必须由学生来扮演。教师将设计好的问题向学生提问，目的是帮助并引导学生针对案件中相关的事实或者法律问题进行思考。案件处理方案的形成需要在教师和学生之间不断讨论交流的过程中形成，不应在完全由学生一人思考而教师不给予任何的指导和帮助的情况下产生。通过这一系列环节训练学生的思维能力，并在角色扮演结束后对学生办案过程中存在的不足进行指正，对好的方面进行表扬和鼓励。

3. 课堂汇报

（1）独立思考—对话—小组讨论。针对学生办理案件的实际情况，教师要整理出重要的问题交给学生思考。先由学生自己根据已有知识储备进行独立思考，待个人思考结束后再在小组内成员间进行集体交流与讨论，小组内的处理意见达成一致后，继续同其他学生进行交流，争取最终达成一致意见。所以，这种活动的适用面较广。

（2）小组成员主要发言，其他学生进行补充。对于办案中遇到的问题，教师进行整理之后，交给同一办案小组的不同成员，要求每名成员对教师交给的问题进行信息检索与分析，最终将自己解决问题的思路和答案记录下来。课堂讨论时，接受不同问题的学生针对自己的想法进行发言，之后再由其他同学发表个人观点。

（3）编号讨论法。针对案件中出现的典型问题，教师可以依次进行编号，并对学习小组组员进行编号。先由各小组进行讨论学习，小组讨论学习结束后，教师随机选择某一问题编号，对应编号的小组成员需要代表整个小组对教师提出的问题进行答复。

（三）运用合作式教学法应注意的问题

1. 正确认识"教"与"学"之间的关系

合作式教学法强调教师与学生地位平等，学习形式与方法的选择要从学生的角度考虑。但尽管如此，这并不是走向传统教学形式的另一极端，教师的角色不会因此弱化，学生也不是完全的自主。教师只是从"台前"转移到了"幕后"，学生由被动式学习向主动学习转化，所以，教师的职责主要是筹划和指导，学生也逐渐走向求索与应用的阶段，传统的"教"与"学"之间的关系被赋予了新的含义。教师的职责是对教学进行宏观设计和学习指导，并对学习成果进行评估。宏观设计主要是指对教学任务和学习任务的规划；学习指导是在教师的设计、指导、帮助下，由学生进行自主探索。传统教学模式中评判学生的标准就是学生给出的答案的正确与否，能给出正确答案的学生就一定是学得好的学生；相反，不能给出正确答案的学生就是学得不好的学生。这一评判标准在特定的环境下具有其合理性，但随着教学模式的改进，这种传统评判标准的弊端日益凸显，即只考虑结果的正确与否，却不关注结果得来的原因与过程。而合作式教学不仅关注学生给出的答案，更关注答案究竟是如何得来的，目的就是让学生学会探索和思考。显然，这一过程中学生的思维得到一次又一次的锻炼。

2. 制定规范的合作式教学制度

无论何种教学形式，都要求具有完备的教学制度和组织形式。合作式教学法强调以学生为主体，这一观念贯穿于其制度规则之中，对此，学习小组应具备以下条件：

（1）明确的学习宗旨。学习小组是合作式教学法必备的条件，学习小组要完成合作学习的任务，通过教学过程使学生得到锻炼，实现预期的教学目标。

（2）明确的职责分工和协作机制。事先安排每名成员的具体工作内容，并且促使成员间紧密合作。

（3）定期开展集体学习活动。合作式教学方法需要大量的集体活动来服务于成员间的交流和学习，帮助学生完成学习任务；开展集体活动有利于促进各成员间的融合，通过反复的交流促进学生对问题的理解。

（4）明确的研究型学习任务。合作式教学法适用于应用性专业知识的教学，重点在于培养学生的个人能力。学习小组以这一任务为中心，进行思路梳理、资料搜集、提纲研究、法律文书撰写和成果交流，以此深化对知识的理解和运用。

（5）规范化的交流平台。以期刊、讲座、网络等平台为载体，给学生提供相互交流、分享和学习的机会。

（6）固定的指导教师和广泛的学习资源。合作式教学法的教学资料不限于教材和书本，只要是有利于教学的资源都可以应用，这样有助于学生实现探索式学习，使其思维拓展到更广泛的领域。

3. 对教学成果与成效进行准确评定

合作式教学法具有开放性的特点，为了保证合作教学的正确方向和高效率，必须对教学成果、成效进行合理的评定。评定教学成果时，主要关注学生究竟学到了什么。而评定学习成效时，要看学生实际能力的提升，以及掌握实践技能的情况。从这两个方面出发，具体的评价内容包括学生的学习成果、基本能力和特定能力。而基本能力又包含协同能力、研究能力、表达能力、沟通能力等；特定能力包括分析判断能力、思辨能力、文书撰写能力等。评定的对象可以分为成果质量、学习效益、进步幅度、自主性、创新度、特色性等方面。在评价方式上，主要侧重于对过程的评定。

第二章

会　见

第一节　会见概述

一、会见的概念

会见当事人是法律诊所学生参与法学实训活动、掌握法律实务技巧的一个重要方面。同时，会见当事人也是律师承办法律业务不可或缺的一个重要环节。所谓会见是指法律诊所学生和当事人、证人以及其他与案件相关的人员进行谈话的过程。[①]

会见这项工作不仅贯穿于民事诉讼、刑事诉讼、行政诉讼等整个诉讼过程中，而且也贯穿于非诉讼法律业务中。通过会见，诊所学生了解案件的有关情况，从而可以更好地为当事人提供法律服务。法律诊所教育的根本目的是培养诊所学生的律师职业技能，要求诊所学生像律师一样思考，像律师一样从事某项法律事务，会见也是如此。在日常生活中，人们通过交谈、聊天达到情感交流的目的，而在法律事务的会见当事人的过程中就更加强调会见目的的实现，即通过与当事人交谈，找到解决争议的路径。[②]

学生参与诊所实训的过程，与医生诊疗的过程比较接近，两者都是通过"望、闻、问、切"式的手段，引导学生找出"病症"所在，然后对症下药。会

---

① 李傲. 互动教学法——诊所式法律教育［M］. 北京：法律出版社，2004：117.
② 许身建，袁钢. 法律诊所［M］. 北京：中国人民大学出版社，2014：30-31.

见当事人的最终目的是找出案件需要解决的问题，只有带着问题意识对争议案件做出判断，才能保证解决问题时不南辕北辙。

二、会见中的职业道德

职业道德是关于从事某种职业的群体或个人的一些总体性的价值要求。法律职业有不同的种类，如法官、检察官、律师等，各种法律职业之间存在一定差异，因此可以把法律职业道德主要区分为法官职业道德、检察官职业道德、律师职业道德。诊所学生不具有律师执业资格，但所从事的却是律师的工作，所以应当遵循《律师法》《律师执业行为规范》等相关法律规范。在会见中，诊所学生同样应当遵守律师执业道德。

第二节　会见的技巧

一、会见当事人的技巧

第一，诊所学生会见当事人时应当穿着得体、谈吐大方，向当事人传达一种认真的态度和专业的精神。

第二，学生在会见之前要做足准备，包括接待室的环境、自身的穿着等。会谈开始进行时，要倾听当事人陈述案情，表现出对当事人的同情，询问案情后提出建议并设计解决方案。

第三，在会谈结束的时候，学生要制作一份会谈总结，列明当事人在会谈中陈述的案情以及一些重要事件，并约定下次会谈的时间地点。

第四，学生要主导整个思维过程，不能受当事人陈述的影响。有的时候，当事人来咨询，一般都会觉得自己受到了莫大的委屈或者有一种无助的感觉，心情都是极为激动的，可能语无伦次、可能添油加醋，或者进行与案情关系甚微的赘述，因此如果当事人不停地诉说，学生必须进行适当地打断，绝不能让当事人的思维主导自己的思考。为了清晰地掌握案情，学生最好是亲自发问，需要什么问什么，占据谈话的主动，这样才能使整个谈话更为高效。在问的过程中可以采用开放式、引导式和封闭式的问法，同时要注意措辞，不要让当事人有一种被审问的感觉。在回答当事人问题的时候要谨慎且尺度适当。当事人最了解案件情况，无论其陈述是否真实，都有助于发现问题，以便确定调查取证的方向。

二、会见证人的技巧

（一）认知式会见的技巧

在会见证人的过程中，传统的做法是先要求证人进行陈述，如"请告诉我发生的事情，从头到尾讲一遍"。之后，再提出设计好的后续问题，以澄清陈述中的问题，或填补陈述中的漏洞，如"让我们再回顾一下案发后所发生的事情，经过多久救护车抵达现场"。

经过理论探讨和实践改进，这一方法得到了进一步提高。改进后的方法被称为"认知式会见"，由心理学家爱德华·盖泽尔曼、罗纳德·费希尔以及他们的同事们建立并提出。诊所学生应当掌握这一方法并将其运用到实践中，以增强会见的效果。

1. 还原背景

当证人所在环境与被记忆事件所在环境极其相似时，证人的回忆效果最好。证人并不需要置身于该场景，通常在脑海中重现便已足够。因此，学生应当对当事人进行如下类似指导："在陈述之前，试图在脑海里重现事件的环境背景，回想一下房间的场景，以及你当时在房间中所坐的位置。回想一下你当时的感受，以及你对事件的反应。"

2. 陈述一切

由于记忆并不是对事件简单无误的映射，它是众多要素的复杂组合，学生可以要求证人报告所记得的一切琐事，即使这些琐事似乎并不完整或毫不相关，也同样要报告。之所以这样要求，是希望这些并不完整或毫不相关的琐事或许能暗示出其他被证实有用的材料。

3. 按照不同的次序回想事件

为了使证人回想起更多的细节，学生可以指导证人对事件进行反向回忆，或者也可以从印象最深的事情开始，并由此向前、向后按时间顺序进行回忆。

4. 转变视角

当证人解释了在其视角的所见所闻后，学生可以引导证人转换视角，如站在案件中其他人的立场想象其所看到的场景。在认知式会见中，证人应当主导大部分的言论，并进行认真的思考，而学生则应主要进行倾听，稍微给予引导，并在必要时进行调查。

（二）认知式会见的四个阶段

1. 导入阶段

在导入阶段，首先学生应尝试让证人放松。如果证人表现出格外紧张的情绪，使其放松的一种方法是先从简单的问题入手，即了解证人的背景信息。其次学生应尝试与证人建立融洽的关系，并向其解释证人在会见中的核心地位。应当由证人扮演核心角色，因为他才是知道事情真相的人。

2. 开放式陈述阶段

在开放式陈述阶段，会见者向证人提出一个或多个宽泛的、开放式的问题，其设计目的在于从证人那里得到关于整个事件的陈述。例如，"请用你自己的话告诉我，你记得的关于（会议）的任何事情。尽可能告诉我你所知道的一切，并尽量详细些"。在这个阶段，会见者除了要求证人陈述细节外，还应当倾听，不是听细节，而是听证人有关事件记忆的整体概述。这不是一个信息收集阶段——而是策划阶段，在这一阶段中，会见者应当设计出最佳方案，以深入调查证人的记忆。

3. 调查阶段

调查阶段，是认知式会见中最主要的信息收集阶段。对于证人在开放式陈述阶段所提及的每一个重要话题，学生都应当引导证人重新对其予以关注，耐心地分别对其进行讨论，并在进入下一个话题前榨干证人对该话题的记忆。学生应当以开放式问题开始每一个话题，让证人对其所记得的所有事情做出一个详细的陈述。例如，"你先前告诉我，穿蓝色衬衫的消瘦男子曾经提到过一些关于 A 的事情。对于这一点，告诉我你所记得的一切，并尽量详细些"。期间尽量不要打断证人的回答，并不应在证人关于第一个话题的记忆被榨干前转移到另一个话题。

4. 回顾阶段

在回顾阶段，学生应当在证人面前重述证人所提供的所有相关信息。这样做的目的有两个：首先，这为证人和会见者提供机会，以确认会见者已正确理解证人提供的信息；其次，这再次为证人提供机会去挖掘可能被遗忘的细节。

（三）对认知式会见的特别建议

学生所能学到的唯一重要技巧，就是不要在证人进行陈述性回答时插话。当证人谈到值得追问的事情时，学生应当记录下来，之后再回来对其进行讨论。即使证人在陈述时多次停顿，学生也应保持沉默，或者以手势鼓励证人继续陈述。有人主张会见者在会见中居于主导地位，这是大错特错，因为证人才是持有所有记忆的人。

在提高记忆的基本方法中，一种是使证人不要删除任何看似不完整或者无关的材料，另一种则是促使证人站在其他人的视角去考虑该事件。一些证人将这些建议曲解为让其去猜想或编造，此时，学生应当清楚地告诫证人，不要猜想或者编造。在调查阶段，学生应当避免在话题间跳跃。在律师会见证人的电视节目中，以下的场景我们见过很多次。

问：他身高多少？

答：哦，中等身高，也许是 1 米 75 左右吧。

问：他的汽车是什么颜色？

答：深褐色。一辆深褐色的凯迪拉克双门轿车。

问：深褐色，嗯。他的脸上或身上有刺青、伤疤或者其他什么标记吗？

这种会见模式是为快节奏的电视节目而作，但它却浪费了证人的脑力劳动。经过努力，证人才能够在脑海中唤起对汽车形象的记忆。现实生活中的会见者，应当继续停留在汽车形象这一问题上，直到证人再也无法唤起任何其他对此问题的记忆，而不会跳至刺青、伤疤和标记问题上。

第三节　会见的程序及会见的训练

一、教学目标

根据徐显明教授的观点，中国法学教育呈现职业化、多元化、精英化、正规化和国际化的发展趋势。法学教育职业化的缺陷包括两个方面：一是缺乏司法伦理的训练；二是缺乏职业技巧培训。没有职业技巧的法官、检察官和律师无法适应职业要求。① 课堂授课并不能培养学生的实务技能，在教师的指导下反复练习是重要的手段。

会见的教学目标在于在课堂教学过程中，培养学生终身学习的思维，以及融会贯通地运用各部门法知识的能力。通过会见了解当事人的经济、社会和教育背景，与当事人进行有效沟通；为当事人提供专业的法律知识，解决其面临的法律问题；设计相关法律问题的解决方案并指导当事人做出明智选择，与当事人建立理性、良好的社会关系。

二、教学设计

会见的教学设计分两个层面进行：第一个层面是在课堂教学中设计模拟案例，旨在通过可控的较为理性的案例设计，培养学生快速识别法律问题的能力，这一层面的训练属于低层次的实务技能训练。第二个层面是通过法律诊所教学中的真实案件，培养学生以职业技能为基础的各种综合技能和司法伦理的训练，这一层面的训练属于高层次的实务技能训练。

"法学院必须提供给学生练习适用、归纳、评价法律及练习'超越'认知能力的机会。练习的含义是在没有告知学生前，让他自己去做，而从做的过程中领悟出希望他学习的内容。希望他理解文本，就先让他说出（口头或书面）他理解的是什么。希望他懂得适用法律，就给他一些虚构案情，让他寻找、适

---

① 徐显明. 中国法学教育的发展趋势与改革任务 ［J］. 中国大学教育，2009（12）：85－90.

用法律并加以解决。希望他懂得评价法律，就必须让他从文本中自己发现材料之间的联系，自己作出推断、释义和评价等"。① 葛云松教授的这一论断无疑是正确的，指导教师需明确会见目标并非解决模拟案例本身，而是通过解决模拟案例的法律问题，识别法律关系的性质，识别法律问题，寻找法律适用规则。

开设会见的班级学生人数一般不宜超过 30 人，否则大班上课因人数过多，在设计会见的训练中，无法保证教学质量。一般将学生分成五组或者六组，根据教学案例进行角色分配。

会见的教学课时一般为 6～8 课时，其中学生模拟会见和咨询为 4～6 课时，指导教师点评为 2 课时。

授课教师应至少提前一周通过清华大学开发的"雨课堂"教学软件，将模拟案例上传至学生手机微信课堂或者学生班级邮箱中。如果上课前教学资料不能及时发布，将直接影响到会见的实务训练效果。授课教师需要在上课前对学生已开课程进行摸底，并应熟悉教学方案中各门课程的开课顺序，这对授课教师来说是一种考验。一般在开课前授课教师需要准备好至少三个以上的教学案例。教学案例应短小精悍，具有典型性和专业性，与学生的认知能力相匹配。教学案例发布后，一般要对学生提出演练要求，要求学生尽量贴近角色要求，例如，要求制作 PPT 课件进行讲解，要求脱稿表达观点，要求思维具有逻辑性。

三、会见程序

（一）准备阶段

学生在会见前必须就可能出现的情况有一个充分的思想准备，制定好相应的、切实可行的应对策略以期达到最好的会见效果。一般可以从以下方面着手：

第一，会见前，在可能的情况下学生应当充分了解被会见人的背景资料。被会见人的背景资料包括被会见人的生活、工作阅历，知识文化水平，羁押前的身份、地位，个人的兴趣、性格、爱好，人际关系，等等。学生可以通过其家属、同事、朋友了解到这些信息，以便对自己的当事人有一个全面的感性认识。这样，律师可以在会见前确定谈话时说话的方式、交谈的繁简、提问的重

---

① 葛云松. 法学教育的理想［J］. 中外法学，2014，26（2）：28－29.

点等。

第二，对被会见人涉嫌罪名的相关法律和司法解释要烂熟于心，对于一些涉及立案、量刑的数量、数额等问题更要非常清晰。学生平时也要加强业务学习、尽可能多地了解新的法律规定及有关司法解释。我国针对不同时期的犯罪活动经常会出台一些最新的司法解释，诊所学生要不断地补充法律知识。如随着网络犯罪、侵犯知识产权犯罪、"两抢"犯罪的不断增多，我国出台了一些新的司法解释和打击政策，诊所学生办理这类案件时，应当及时掌握新法规、学习新知识，这样在会见时才能有的放矢、把握重点。

第三，认真做好会见提纲。学生在会见前还应当将一些格式化的问题先行记录，就承办的案件所涉及的罪名等法律条文摘抄出来，罗列出案件的关键问题。例如，可以将"我是某某律师所的律师，接受某某的委托来进行会见等"介绍律师身份的话语预先记录；将涉案罪名在《刑法》上的规定及相关的司法解释先期摘抄出来到时加以宣读等。这样的工作不必到看守所会见时再做，会见前完善的会见提纲可以提高会见的效率、节省会见的时间，有助于深入地了解案件并发挥自身在会见中的主导性。

（二）接待阶段

1. 与当事人建立互信关系

双方的信任是事情成功的重要前提。为达到此目的，学生必须谨慎为之，时刻注意自己的一言一行。若是想有效地开展工作，学生就要在初次会面中使当事人感受到自己像对待平常人一样关心和尊重他，而不是像对待做错事或者一无是处的人一样；学生应该表明自己十分关注当事人面临的问题，并使当事人感受到同情和真诚，以及自己时刻在认真地听他倾诉，尽可能地让他相信自己是专家，有诚意和能力来解决他的问题。有的当事人心情比较沉重、焦虑和不安，要尽量给他们减压，让当事人看到希望和光明。在会见时不要频繁地接打电话，否则会让当事人觉得缺乏诚意。这些细微的事情更应该注意，否则就不能和当事人建立良好的融洽互信关系。

2. 通过提问引导当事人陈述

由于当事人的教育背景不同，有些人并不会准确表达案件的核心内容，这就需要学生通过提问引导当事人的陈述，将事先准备好的问题与当事人的陈述相结合，适时把握时机，引导和控制会见进程。

3. 做好会见记录

根据当事人的陈述做出详尽的会见记录。记录应当包括当事人的基本信息，会见人的基本信息，会见的时间、地点，案情概要，证据情况，下次会见的时间，争议解决的进程等，会见记录上应当有当事人的签字。

四、会见的训练

（一）训练材料

张美丽在银行工作，周六、周日经常加班。某日，张美丽自觉加班太累，拿了一张医院的诊断书请假（诊断书上加盖有某医院的印章，其他内容为张美丽本人在空白处填写）。单位人事部门经调查发现，医院的诊断书中"怀孕流产，休息两周"的内容是不真实的。单位领导找到张美丽要求其辞职，张美丽在事先拟好的辞职信的签字处签上了自己的名字。张美丽认为，银行违法解除劳动合同，应支付双倍经济补偿金；应支付加班费；应赔偿精神损失。

（二）训练要求

第一，会见当事人张美丽前，制定一份会见计划。
第二，准备相关的会见笔录。
第三，预想会见时张美丽的心理状态，准备一份针对会见的自我介绍。

（三）会见前的准备

第一，根据学生人数将其分为若干小组，每组大约 5 人，每组应指定 1 名学生完成记录工作。
第二，以小组方式，集体讨论会见计划的制定。
经三，组内的每一名学生都要准备一份自我介绍。
第四，另外一组的学生扮演张美丽，演练会见过程。
第五，会见结束，团队进行评估。

（四）倾听与提问

1. 倾听

倾听是会见中的重要技巧，学会倾听有助于有效沟通。倾听时应注意：

（1）针对不同的当事人群体，了解当事人心态。

（2）避免使用引起歧义或者蔑视的语言，言语之间要体现对他人的尊重。

（3）当有不明白的地方时，应当真诚地再次询问。

（4）如果张美丽感觉受了委屈，不停地向你哭诉，甚至滔滔不绝地说了很多与案件无关的话，你应当怎么办。

2. 提问

会见当事人时，通过提问能够快速有效地理清案件脉络，抓住案件争议点。因此，营造精彩的提问氛围，巧妙地设计所要提出的问题，是快速了解案情的关键。诊所教学中也应当对学生进行提问的训练。

一般而言，根据案件以及当事人的具体情况，可以采用不同的提问方式。如果想了解细节性问题，可以采用封闭式提问方式，回答只需要用简短的语言，如"是或者不是"；如果想了解案件的全貌，可以采用开放式提问方式；如果想探寻对方的真实原因、目的，可以采用探索式提问方式，如"你能说说原因吗?"

（五）训练方法

第一，以小组为单位，找出案件的争议点，设计问题。

第二，请记录的同学和接待的同学共同引导张美丽回答。

第三，会见结束后，以小组的方式进行讨论和评估。

下面是一组学生会见张美丽的记录。

张美丽：你好，李律师，有个事要咨询一下，你们是怎么收费的?

学生甲：……（目瞪口呆，学生哄笑）

张美丽：上个星期三，单位主任把我叫到办公室强迫我辞职。他说我的请假条是假的，说我严重违纪，如果我不签字辞职，他就把我的事情宣传出去。

学生甲：你在哪个单位上班呀?

张美丽：在某银行。

学生甲：你说假条是假的，这是怎么回事?

张美丽：天天加班，周六、周日都不休息，快烦死了，我想休息几天，领导不让请假，我就想了个办法，在以前空白的医院诊断书上写上"怀孕流产，建议休息2周"。后来领导竟然去医院核实了，他们发现假条是假的，就要求我辞职，这分明是打击报复。单位要求加班，应支付加班费。单位违法解除合同应支付双倍的经济补偿金。我这几天睡不好，要求单位赔偿精神损失。李律师，你认为我说的有依据吗？

学生甲：应该支持你，但是你自己也有点问题，不能欺骗单位。

张美丽：我是有点问题，但是我的要求能获得支持吗？

学生甲：我觉得应该能够获得支持。

第一组结束案例模拟后，后续各组也陆续开始实际训练，咨询的问题不能重复，随着问题的展开会见逐渐深入。会见与模拟结束后，指导教师对会见与模拟进行指导和评价。现将该教学案例的会见与咨询模拟的评价附录如下：

第一，学生对律师收费制度不熟悉。实务中，律师首先面对的是收费问题，学生应当熟悉律师收费制度。

第二，对相关法律问题不能从法律层面进行有效分析。针对当事人的具体诉求，只能泛泛而谈，依据一般的生活经验回答应该支持与否。不能从法律法规层面进行有效分析。本案属于劳动争议案件，对用人单位单方解除劳动合同条件、加班的举证责任和精神损害赔偿的法律依据应当熟悉。

第三，没有了解到相关法律问题的关键证据信息。未能在会见和咨询过程中，就当事人的诉求寻找关键证据信息。针对该教学案例，需要弄清楚的事实问题还应包括：①当事人张美丽与银行之间是否签订了书面的劳动合同；②当事人张美丽主动辞职时，辞职文件的具体内容是什么；③当事人张美丽在银行工作的起止时间；④当事人张美丽是否掌握加班或者加点的具体时间和加班文件材料。

本教学案例是就当事人一般法律问题的会见，一般以民商事法律问题的咨询为主要内容。在刑事诉讼领域，律师的会见具有特定的职业技能，对会见具有法定的条件和要求。

第三章
事实调查

第一节　事实调查概述

一、事实调查的概念

事实调查，是代理人了解、分析案件事实，获取有关案件事实的证据资料的过程。

经过法律诊所学习的学生，印象最深的常常不是对法律条文的记忆，不是对法学理论的理解，甚至也不是在法庭上的论辩，而是庭审前如同大海捞针般充满困惑、艰辛与激动的事实调查的过程。事实调查，这一长期以来被法学教育遗忘的领域，在诊所教学中充分显示了其作为法律实务工作者基本技能的价值所在。

谈到事实调查，首先需要厘清几个概念，概念的科学界定是科学研究的前提，只有科学定义了事实、案件事实和法律事实的概念，才能正确定义和理解事实调查的概念。

（一）事实

事实的概念，现代汉语词典解释为"事情的真实情况"。事实并不等同于事物本身，其表现为人们对于事物存在状态的正确认知，这是事实这一概念应有的内涵，也是事实的属性。英国著名的哲学家罗素曾明确指出："当我谈到一个'事实'时，我不是指世界上的一个简单的事物，而是指某种性质或某些事物有某种关系。"比方说法律界的"包青天"曾经存在，现在不存在了，但此人存在的事实却在。我们认为事实是客观的，但我们关注的事实，是进入到人的实践活动、进入到人的认识视野的客观存在。从这个角度来看，事实既有其客观属性，也有其主观属性，事实不过是依赖人的主观理性的客观存在。①

（二）法律事实

法律事实，是依法能够引起法律关系产生、变更和消灭的客观情况。它是法律关系产生、变更、消灭的前提。法律事实是依照法律程序、被合法证据证明了的案件事实，是人们能够认识或已经认识的具有法律意义的事实，而不是完全客观的事实。

站在立法者的角度来看，关键是要通过对社会分析与论证，进行价值考量与比较选择，进而经过利益集团的对话、协商与博弈，作出利益权衡与取舍，借助立法的正当程序将社会意欲调整的事实予以类型化、抽象化的描述，达到立法者对社会关系进行调整的目的。但是，如果站在司法者的角度，会发现司法人员在面对某一事实时，他主要关心的是该事实是否为法律所涵盖（即是否为法律所调整）；该事实是否可能真实；是否有证据支撑，证据是否较为充分；该事实是典型事实（事件、行为）还是疑难事实；案件涉及单一事实还是多重事实，如果案件涉及多重事实，多重事实是否都与案件相关联，依据该相关联的事实是否会产生法律后果（必须进行甄别）；事实可否被涵摄，事实如何涵摄；疑难案件中的事实是否可以被"类型"化；如何进行推理，推理后产生何种法律后果；判决书如何进行说理与论证；等等。在此过程中，法官必须借助法律事实发现、法律解释、漏洞补充、价值衡量、法律论证等方法，对事实及其法律意义进行阐释。②

（三）案件事实

案件事实属于事实范畴，也具有事实的基本属性，同时，案件事实还具有在证据理论和诉讼法学理论中的一些特殊的规定性。案件事实除了具有事实的一般特性外，还具有三个特性：一是案件事实是经法律构成要件雕琢过的事实；二是案件事实是能引起法律关系的产生、变更或者消灭的事实；三是案件事实是依据

① 许身健，袁钢．法律诊所［M］．北京：中国人民大学出版社，2014：135．
② 杨建军．法律事实的概念［J］．法律科学：西北政法学院学报，2004，22（6）：43-52．

一定规则和程序认定的事实。

诊所学生进行的事实调查是为了证明特定的案件事实，按照法律规定的范围和程序，收集证据和证据材料的法律活动。事实调查的关键就是收集、审查证据。从司法实践的角度来看，诊所学生按照法律规定积极主动地采取相应措施，运用各种方法，深入、细致地调查研究，以发现和取得与案件相关的各种证据，就是在进行事实调查。事实调查对于查明案件事实，正确处理案件，具有十分重要的意义。

二、事实调查的种类

事实调查分为两种：一种是常规调查，或称"正式调查"；另一种是非常规调查，或称"非正式调查"。常规调查是指有明确法律依据的必要的事实调查。例如，在民事损害赔偿案件中，对损害事实、损害程度、损害后果、赔偿数额等事实进行的调查；在行政处罚案件中，对处罚的事实依据、法律依据、处罚程序、行为主体及职权范围等事项进行的调查；在刑事、民事和行政性质的人身伤害案中对法医鉴定的内容和结论进行的调查等。常规调查的内容、范围，是由法律规定、明确无疑并且必不可少的。

若想获得胜诉，仅仅依赖常规调查，难免显得被动，因为不到审判结束，谁也无法预料法官或审判委员会的最后结论；而等到审判结束，一切均大局已定。因此，非常规调查就显得非常重要。根据个案的特点，主动调查与案件相关的事实，广泛地掌握信息，期望从中获得对本方当事人有利的证据，用来辅助常规调查得来的证据，这样的调查即为"非常规调查"。如通常情况下，行政案件中行政管理相对人的律师不会仅凭"被告负主要举证责任"的法律规定，就幻想被告主动拿出对己方有利的证据，而是积极主动地寻找线索，调查事实，搜集证据。虽然非常规调查不是法律明文规定的调查内容，但由于它有取证资源广泛、对方难以预防等个性化、灵活性等特点，实践中运用得当常常出奇制胜，因而备受律师重视。对新证人的发现、对对方证人与案件关系的揭示、对当事人身世背景的了解、对科技知识的掌握等，五花八门的非常规调查让人难以想象、防不胜防。经验丰富、身经百战的律师们能够将非常规调查手段发挥得淋漓尽致，使对方精心组织的证据链顷刻间土崩瓦解。让案件峰回路转、柳暗花明的事实，通常不是由常规调查得来的，而是非常规调查的结果。①

三、事实调查的注意事项

事实调查是为了查清楚事情的真相，为诉讼打下坚实的基础。做好事实调查工作，不仅要态度端正，更要方法得当。事实调查应从以下几个方面展开。

（一）事实调查的要求

1. 事实调查必须制定周密的计划

无论案件复杂与否，诊所学生都应当根据个案的具体情况进行具体研究，针对需要证明的问题，确定调查取证的方法、步骤和要达到的目的等，制定出切实可行的调查取证计划方案。实践证明，磨刀不误砍柴工，调查取证工作计划安排得当，不仅可以避免工作中的盲目性，同时还能收到事半功倍的效果。

2. 事实调查必须积极主动、抓住战机

一个案件的诉讼结果如何，往往在很大程度上与律师能否抓住战机紧密相关。对于已经掌握的案件线索或已进入调查阶段的案件，律师应当积极主动地抓住战机，认真调查取证，最大限度地维护委托人的合法权益。

3. 事实调查必须客观全面、深入细致

收集证据以尊重客观事实为首要原则，诊所学生应当通过脚踏实地的调查工作，如实收集客观存在的证据。同时，调查取证必须全面，只有全面收集能够反映案件真实情况的证据，才能真正查明案件的全部情况，对案件及事实形成正确的判断。只有尊重客观事实，坚持对案件进行全面细致的调查，才能获取确实充分的证据，给结案打下坚实的基础。

4. 事实调查必须做好证据保全工作

常言道，打官司就是打证据。在这个意义上而言，案件的成败取决于证据。在事实调查的活动中，固定和保全证据是必不可少的重要内容。诊所学生在收集

---

① 李傲. 事实调查——被法学教育遗忘的领域［J］. 环球法律评论, 2005（3）：294.

证据时，应当采取符合程序规范的妥善措施和科学方法，将一切能够证明案件事实情况的证据固定下来。

（二）事实调查的禁忌

1. 切忌先入为主

诊所学生如果直接以自己对案件的第一印象为据先入为主，进而对其后出现的证据不予或较少采纳，势必会给调查工作带来较大困难。

2. 切忌早定框架

在事实调查前，如果诊所学生没有对案件事实进行考量分析，就给事实调查的范围作了限定，并据此寻找证据，那么一定会陷入定向思维的怪圈。在诊所学生接待当事人时，许多当事人从自己利益出发不一定会对案件事实如实陈述，案件细节就可能与客观事实相悖。如果只是一味地沿着预定的框架研究，忽视与案件有关联的其他证据，就很难将案件事实调查清楚。因此，在案件调查中，切忌用预设的框架把自己套牢，应当坚持具体问题具体分析。

3. 切忌蜻蜓点水

案件往往千变万化、错综复杂，要想通过繁杂的线索抓住案件的本质，就必须做深入细致的调查。如果仅仅做简单查证就下定结论，这种结论往往是禁不起推敲的。因此应当对案件发生的背景，案件发生的过程，涉案当事人的行为、手段、情节及其行为对社会造成的危害程度进行全面的调查，然后对获得的各种证据材料进行分析、比较和汇总。在综合分析的基础上，才能给予当事人合理的建议。

4. 切忌感情用事

案件调查的目的是查清案件事实，维护当事人的合法权益。如果因当事人或者案件情况产生同情或者憎恶等情感因素，在一定程度上会影响对案件的理性判断。

四、事实调查中的风险防范

（一）事实调查中取证的风险概述

律师或者诊所学生接受委托后，应当对调查取证的必要性和显现或潜在的风险进行充分的评估、研判。如果确有调查必要的，方可进行调查取证；对于无调查必要的，不能进行调查取证。其中，对于无关紧要、不影响案件定性或责任划分的证据最好不要调取，对于已经客观存在的书证、物证可以适当调取，对于主观性较大的证人证言或者证人作出的书面证词的调查务必十分慎重，不能轻率或盲目进行。

实践中，对于律师能否在刑事案件侦查阶段进行调查取证的问题，存在一定的争议，目前的法律对此既没有禁止性规定也没有授权性规定，但是基于现行刑事诉讼法规定律师在侦查阶段的工作是提供法律帮助，《刑事诉讼法》第三十六条规定："辩护律师在侦查期间可以为犯罪嫌疑人提供法律帮助；代理申诉、控告；申请变更强制措施；向侦查机关了解犯罪嫌疑人涉嫌的罪名和案件有关情况，提出意见。"因此，侦查阶段介入的律师不宜进行调查取证，尤其是不宜向有关证人进行调查取证；如果确有调查取证的必要，也应在有限度的范围内进行，如被动接收委托人自行收集的证据，向有关部门调取档案文书等书证。

（二）事实调查中针对证人取证的风险防范

1. 不得调查取证的情形

下列情形的证人，不得进行调查取证：

（1）证言属于"孤证"（即缺乏旁证或其他证据相互印证）的证人。

（2）案件的处理结果与其有直接利害关系的证人，如强奸案的受害人，故意杀人、故意伤害的被害人及其家属，交通肇事案件的被害人及其家属等。

（3）受贿案的行贿人。

（4）证言不明确、反复、不稳定而公安机关或检察机关已经多次取证的证人。

2. 律师取证的注意事项

律师自行向证人调查取证的，必须做到合法、客观、全面，而且要注意方式方法。具体来说：

（1）在调查取证时，只要条件许可，尽量由两个律师进行；对于重大、复杂或敏感、定性争议较大的案件，必须由两个律师进行调查取证。这是因为，尽管法律、法规并未要求律师调查取证必须由两人进行，但全国律师协会的《律师办理刑事案件指引》第 49 条规定："律师调查、收集与案件有关的材料，应持律师事务所介绍信，出示律师执业证，一般应由二人进行。"同时，从实践经验出发，一个人进行调查取证既不方便（尤其难以制作调查或询问笔录），也存在万一证人出事后律师一人的行为无他人证明的风险。

（2）律师向证人调查取证而询问证人时，应当提醒其他人员回避，这种回避应注意达到他人与证人之间在视觉和听觉上隔离的程度；拒绝证人以外的无关人员，尤其是其家属、亲友在场，更不得由当事人家属、亲友陪同一起取证。因为，询问证人时，如果有其他人员在场，会影响到取证的客观性和真实性；更重要的是，如果有与当事人有一定利害关系或利益关系的他人在场，证人一旦改变证言，就可能以此为由将所谓受到他人在场的心理压力而不能如实回答的责任推到律师头上。

（3）调查证人时，应当向证人单独取证，不得向多个证人同时取证。向未成年人取证时，应有监护人在场，并请监护人在笔录上签字。

（4）调查证人时，首先必须强调证人应当如实作证，并向证人说明作伪证所应承担的法律责任；其次询问切忌粗糙、简单，而应当尽可能详细、具体，提问不能含糊其辞或模棱两可，更不得带有主观倾向。

（5）询问证人时，制作的笔录字迹要清晰，修改处和每一页都要签字、捺手印，最终形成的笔录要由证人阅看或向其宣读并由其签字确认。

（6）为了自我保护和防止调查证人出现不必要的纰漏、麻烦，对于重大、复杂或者敏感、争议较大的案件，向证人进行调查取证时，建议尽量做到全程录音录像、请公证机关予以公证以及证人同时亲笔书写证词等多种形式配合及相互补充，并将其一并提交给法庭。

（三）事实调查中的禁止事项

在调查证据时，不得威胁、引诱或者采取其他方式（如收买）唆使证人违背事实改变证言或者作伪证以及进行其他干扰司法机关诉讼活动的行为；不得毁灭、伪造证据，也不得帮助犯罪嫌疑人、被告人或者证人隐匿、毁灭、伪造证据。

第二节 事实调查的实施

一、事实调查的计划

首先，事实调查前要分析调查取证的目的，准备好详细的调查提纲，准备发问的问题以及发问方式，避免发问时信马由缰、随心所欲；其次，要合理规划调查取证的地点，避免选择人多嘈杂的地方，尽量选择安全而隐秘的环境展开谈话，打消证人的顾忌。

二、事实调查的范围

确定事实调查范围主要基于对证据关联性的分析，即需要调查的必须是与假定的待证事实之间具有可能的关联性的证据。如果与案件事实没有实质性的联系，那就不属于调查的范围。如在张某人身伤害案件中，张某被李某打伤，要求李某赔偿。张某在向法院提出赔偿请求时，需要证明自己的伤害是由李某造成的，提供受伤治疗过程中支付的医疗费用、护理费、误工费、营养费等凭证。这些证据即为与案件事实以及诉讼请求有关联性的证据，属于调查的范围。

在任何案件中，双方争议的事实就是需要查证的内容，即为待证事实。因此，诊所学生在事实调查前应当明确待证事实是什么，这样才能做到有的放矢。如在离婚案件中，如果代理的一方当事人提出离婚，而对方不同意离婚。根据我国《婚姻法》的规定，法院判决双方离婚的标准是感情确已破裂。那么双方争议的焦点也即需要证明的事实就是双方感情是否破裂。己方就需要围绕感情已经破裂来进行事实调查，如结婚时缺乏感情基础、存在家暴或者对方出轨等。当然，待证事实必须是案件的实质性问题，提出的证据是否涉及案件的实质性问题往往决定了其是否会被排除。实质性问题一般是通过当事人的主张或者公诉机关的指控体现出来的，这些问题往往会涉及当事人责任的大小、权利的维护或者罪与非罪、罪轻与罪重。如果有的证据也能够证明一定事实的存在，但其所证明的事实于案件的解决而言没有任何帮助，那么这些证据就无须调查。如在一起离婚案件中，当事人对于在婚前谁追求谁争论不休，这一争议对是否解除婚姻关系，以及财产的分割、子女的抚养均不能产生实质性影响，自然就不需要进行调查。

在证明待证事实的过程中，可能会出现多份证据。究竟选取哪些证据，就需要分析和考察证据的证明力，选取那些证明力较强且能够解决实质性问题的证据，例如提出的录音、录像资料必须要能够证明在有关事件中用语言表达的思想内容，而且能够证明有关事件发生的过程、环境等情况。如果录音、录像本身就模糊不清、难以确定，那么其对实质性的待证事实就难以达到证明的作用。

由此，诊所学生在开展事实调查前，应当做好周密计划，根据个案的具体情况和当事人的诉求确定事实调查的范围，做到有的放矢。

三、事实调查的具体操作

（一）调查收集证据时要注意的问题

1. 考虑调查取证的合法性

在刑事案件的事实调查中应当注意，虽然《刑事诉讼法》第四十一条规定辩护律师只要经得证人同意便可取证，但一般情况下，如果不是非常急迫的情况，律师可以先申请人民检察院、人民法院收集、调取证据。一方面，由检察机关调取的证据数量、质量都较高；另一方面，若检察机关书面回复可由律师自行调查取证，律师调查取证起来大可放心而为。此外，对于被害人近亲属以及被害人提供的证人，应当先取得检察机关和人民法院的同意，才可以取证。对于其他身份的证人，如果能申请检察机关调查取证，也建议先向检察机关申请。特别要提醒的是，一些刑事和解的案件，例如强奸案件，不建议律师私下与被害人接触，最好是在司法机关的主持下，取得被害人的谅解，这种获得量刑证据的方式是比较科学的。

2. 调查取证时注意证人心理

应当注意建立沟通的氛围，取得信任，拉近与证人的心理距离；取证前除告知证人如实作证的法定义务外，还应表示会为证人保密，不会向案件无关的人员透露取证内容；在调查时，为确保证人证言的真实性，还应注意观察证人的神色和心理变化；最后，为争取证人出庭作证，打消证人出庭作证的顾虑，告知证人必要的时候可以向司法机关申请证人保护。

3. 应当合理规划调查取证的过程

开始询问证人时，可以简明了解证人身份情况，在告知其法律义务后，表明律师希望了解的事项，引导证人尽快进入主题，控制谈话的话题相关性与时长。制作完成笔录后，重新审视一遍笔录，避免有所疏漏，尽量使调查取证一气呵成。

4. 调查取证时注意获取其他佐证

在调查取证时，证人为证明自己证言的真实性，往往会提出物证、书证、电子邮件等证据来佐证，律师应当及时提取，以形成有效的证据链条。首先，要有证据的提取清单，清单应注明证据种类、特征、数量、原件与复印件，由证人在每页清单上签名确认；其次，针对不同的证据，考虑不同的提取方式。对于书证，可以考虑让证人提供复印件，由证人在复印件上签字确认属实，由律师在事后及时向检察机关、法院申请调取证据原件；如因情况紧急，确有必要立即取得证据原件的，可以采取公证机关取证的办法，由证人手持证据原件，拍照固定，同时制作证据提取清单，由证人在清单上注明证据种类、特征、数量等信息；对于电子证据，拍照并打印输出，注明是在哪种介质当中提取、介质的注册号、提取人、提取时间，并由证人书写"此电子数据系我本人提供，与原始数据核对无误"。必要时，可以请公证机关公证提取。

5. 及时向司法机关申请调取证据

将证据复印件、证据出处、调取证据时的录音及时提供给司法机关，申请司法机关调取证据原件；或者以此为线索，作为申请证人出庭的理由；如存在证人安全问题，应当申请司法机关对证人进行保护；申请证人作为辩方证人出庭，适当告知证人出庭的证明目的，告知其应当实事求是作证以及相关的法律责任。

（二）关于物证的调取

物证具有自己独特的性质，所以当事人在调取、收集物证的时候一定要注意物证的特点，并对照其特点加以把握。

1. 物证的间接性

作为证据法意义上的物，单凭物的本身是不能起到证明案件事实作用的，必须配合其他证据，才能产生证据效果。因此，物证要通过与第三者的联系才能表现其证明力。所以律师或者诊所学生在收集物证的同时，千万不要忘了还要获取支撑该物证的其他证据材料。

2. 物证的关联性

物证必须要与案件有关联，因此调取物证时一定要注意物证与待证事实之间的关联性。如果没有关联，物证就会失去其价值。

3. 要尽可能地获取原物

最高人民法院《关于民事诉讼证据的若干规定》的第十条规定，当事人向人民法院提供证据，应当提供原物，只有在确实需要自己保存或者提供原物确实具有困难的情况下，才可以提供复制件或者复制品。当然，作为第二手资料的原物的照片或者复制品，往往因其属于"二手货"，容易被法官适用排除规则予以排除，尤其是对原物的照片、复制品有疑问时，法官会以当事人未提供原物以至于无法与原物核对为由而不予采信。事实上，物证还可以通过勘验、鉴定、证人证言等发挥其应有的作用。

4. 妥善保管物证

对已经取得的物证一定要妥善加以保管，不能让其变坏或变质，必要时，要及时采取物证保全方法对其进行证据保全。

（三）关于书证的调取

总的来说，律师调取书证主要通过以下几个途径：

1. 从当事人或第三人处获取

此种途径主要用于民事诉讼以及行政诉讼两个方面，部分刑事诉讼案件书证亦可从此获取。一般来讲，律师接受当事人委托后，在询问当事人案件基本信息与情况时，都应询问当事人或第三人是否持有能够支持己方诉求的书面证据，如合同纠纷中的合同、行政诉讼中的处罚结论、双方之间任何可以证明本方诉求的书面材料等。而在刑事诉讼案件中，律师可以询问当事人或其法定代理人是否持有能够证明当事人未至责任年龄、能够证明当事人为无刑事责任能力或者为限制刑事责任能力的书面证据等。

在当事人或第三人将书面证据交付律师时，律师应当注意以下两个方面：

（1）收取复印件。为谨慎考虑之必要，律师应将书证复印，收取当事人书证之复印件，原件交由当事人自行保管，庭审期间若需交付原件的，由当事人自行提交。此方法主要的目的在于确保书证始终处于当事人的可控范围之内，避免律师在收取书证原件后，未尽谨慎保管之义务，导致书证原件的毁损或灭失。

（2）第三人交付问题。律师在得知第三人持有与本案有关的、能够证明本案事实的书面证据时，应当要求第三人交付，第三人拒绝交付的，可以请求人民法院决定其强制交付。第三人自愿交付书面证据的，律师在取得第三人的书面证据时，为谨慎考虑之必要，仍应将书证复印，收取书证之复印件，并告知第三人应对书证原件行使妥善保管之义务。在人民法院要求提交书面证据原件时，由第三人提交书面证据原件。

2. 从人民检察院处获取

此种途径主要用于刑事案件的诉讼过程中。根据我国《律师法》第三十四条"受委托的律师自案件审查起诉之日起，有权查阅、摘抄和复制与案件有关的诉讼文书及案卷材料"的规定，《刑事诉讼法》第三十八条"辩护律师自人民检察院对案件审查起诉之日起，可以查阅、摘抄、复制本案的案卷材料"的规定以及第三十九条"辩护人认为在侦查、审查起诉期间公安机关、人民检察院收集的证明犯罪嫌疑人、被告人无罪或者罪轻的证据材料未提交的，有权申请人民检察院、人民法院调取"的规定，律师可以在人民检察院对案件进行审查起诉期间，申请向人民检察院查阅、摘抄和复制与案件有关的诉讼文书及案卷材料等证据。

3. 从人民法院处获取

此种途径适用于任何案件的诉讼过程中。一般来说，具有管辖权的人民法院受理案件后，根据《律师法》第三十四条第二款"受委托的律师自案件被人民法院受理之日起，有权查阅、摘抄和复制与案件有关的所有材料"的规定，律师可以向受理案件的人民法院调取与案件相关的所有材料，当然包括书证在内。

（四）视听资料的调取

1. 视听资料的概念和特点

视听资料是以具有科技含量的物理器材所再现的案件发生过程中的声音、图像、电子资料等来证明案件事实的证据。它主要有四种表现形式，即录音资料、录像资料、电子计算机存储资料和其他科技设备提供的资料。

视听资料作为一种证据，是现代科技发展在法律上的一种表现，也是司法实践发展的必然结果。视听资料与其他证据一样，都能够证明案件的真实情况，它们都具有某些共同的属性，比如客观性、关联性等；但视听资料与其他证据种类相比，又具有以下特点：

（1）物质依赖性。视听资料的本质是一种信息，是借助于有形物质而存在的无形物质。它必须依赖于一定的物质载体，如录音带、录像带、磁盘等。没有这些物质作为依托，可供人们视听的信息资料就会瞬间即逝、无法捕捉。这种物质依赖性是其他证据所不具备的。

（2）储存容量大、稳定性强。视听资料信息量大、内容丰富，具有高度连续性，且录音、录像的磁带和电子计算机存储的数据具有体积小、重量轻、便于保存、反复使用的优点，同时与证人证言等容易受主客观因素影响而发生变化的情况相比，视听资料不易受这些因素影响，具有较长时间稳定性。

（3）高度的准确性和直观性。视听资料能够真实地"还原"在一定时间和空间内的声音、视频内容及其变化情况。视听资料属于实物证据，这种证据在形成过程中，只要录制对象正确、录制方法得当、录制设备正常，一般不会受到录制人主观因素的影响，并能十分准确地记录案件审理过程中所需的事实。借助相应的技术设备，视听资料可以原原本本地反映案发情况，使人得到最直观的感受来帮助判断是非。

（4）易于伪造、仿造。视听资料是科技发展的产物，它的形成是借助于一定的科技手段的，同样，人们也可以借用一定的科技设备对其进行伪造和篡改。因此，视听资料具有易于伪造和仿造的特点。当然，对于视听资料的真伪，还可以通过证据的关联性加以鉴别。

2. 调取视听资料应注意的问题

（1）视听资料必须具有合法性。视听资料的取证方法、取证程序必须符合法律法规的规定，不得侵害当事人的合法权益，否则可能会降低其证明力或者被作为非法证据排除掉。

在现实中，人们为了防止日后纠纷的产生而约定将双方的交谈或行为用录音带记录下来的事例是比较少的。绝大多数的视听资料都是当事人一方采用私录即人们常说的"偷拍偷录"手法取得的。那么，"偷拍偷录"的视听资料是否具有证据效力？偷拍偷录不等同于窃听窃录，窃听窃录的视听资料绝对排除。根据《关于民事诉讼证据的若干规定》第68条，以侵害他人的合法权益或者违反法律禁止性规定的方法取得的证据，不能作为评定案件事实的依据。因此，证据收集是否合法，就要看是否侵犯了他人合法权益或者违反了法律的禁止性规定。比如侵入第三人住宅录音照相，是侵权行为。但如果在自己家取证，就不存在此种问题。再如在自己家里安放录音设备并不构成侵权。但如果是在第三人家中安放就不具备合法性。通过非法手段获取的在第三人居室内的两人亲昵的照片也不具备合法性，但如果是在公共场合获取的两人亲昵的照片，就具有合法性。

（2）视听资料应与案件具有关联性。对视听资料中的内容进行全面综合分析，确定其与案件是否具有关联性。同时，还要分析其与其他物证、证人证言、受害人陈述、犯罪嫌疑人供述等是否能形成有力的证据链条，构成完整的证明体系。

（3）视听资料应有必要的附文。附文中有关制作的时间、地点与视听资料内记录的场景应当相符，必要时需对照片或录音带中所反映的案发场景进行实地核查。

（4）审查视听资料的真实性。审查视听资料制作人或提供人的身份、年龄、背景，看其与案件当事人有无利害关系，分析其所提供资料的真实性、可信性。注意视听资料有无被拼接、剪辑、消磁或篡改。

（五）鉴定意见的调取

1. 鉴定意见的概念

在诉讼中运用专门知识或技能，对某些专门性问题进行检验、分析后所做出的科学判断，称为鉴定。而进行这种鉴定活动的人，称为鉴定人。鉴定人对案件中需要解决的专门性问题进行鉴定后作出的结论，称为鉴定意见。

2. 鉴定的类型

在我国司法鉴定中，常用的技术鉴定包括法医鉴定、司法精神鉴定、痕迹鉴定、笔迹鉴定、司法会计鉴定、毒物和司法化学鉴定、一般技术鉴定等。

3. 注意事项

（1）鉴定意见不能因其所具有的科技性而获得预定的证明效力。由于主客观原因的影响和限制，鉴定意见不排除出错的可能。所以还需要对其进行鉴证。

（2）鉴定意见只应回答专业技术问题，不能回答法律问题。

（六）对电子证据的调取

随着科学技术的发展，越来越多的证据以电子数据的形式表现出来，电子证据已经成为我国诉讼法明确规定的证据类型。对电子证据的提取分为对硬件的扣押和对证据信息的收集。具体来讲，要做到保护好计算机日志，对数据进行备份，切断远程控制；封存现场的信息系统、各种可能涉及的磁介质；提取涉案计算机硬盘、移动磁介质、光盘、复印机、传真机中的记忆芯片等，特别应注意对当事人随身携带的电子介质的提取，如手机、MP4/5、导航仪、3G 上网卡等。

取证内容：①不仅要收集电子数据，还需收集与系统稳定性及软件的使用等情况有关的证明；内容涉及电算化的，应当由司法会计专家对提取的资料进行现场检验。②收集电子证据要全面、综合地进行，运用高科技手段对于硬盘中的隐藏文件及被删除信息一并收集。同时将与案件事实有关的电子证据打印输出，或者固定在磁盘或其他载体上作为证据使用。如果是从网上打印下来的证据，还需有相关见证人在打印页上签字证明，或者由公证机关公证证明。

第三节　事实调查训练

一、事实调查范围训练

在诊所教学中，可以选取不同类别的案件，或者直接使用诊所代理的案件对学生进行事实调查的训练。

（一）训练目的

事实调查范围训练的目的，就是确定事实调查的范围，制定事实调查的计划。

（二）训练素材

王菲向法院起诉称：其与姜岩于 2006 年 2 月 22 日结婚，由于性格差异较大，婚后感情不和。2007 年 6 月，双方感情进一步恶化，10 月闹起离婚。12 月 29 日，姜岩跳楼身亡，生前在她自己的博客中，称因丈夫出轨才自杀。自 2008 年 1 月始，大旗网刊登《从 24 楼跳下自杀的 MM 最后的日记》专题，将王菲的姓名、照片、住址、工作单位等身份信息全部披露，给他和家人的生活、工作、名誉造成恶劣、严重影响。张乐奕在其注册的网站"北飞的候鸟"上刊登了《哀莫大于心死》等文章，对王菲及其家人进行侮辱、诽谤。海南天涯在线网络科技有限公司注册管理的天涯虚拟社区网出现《大家好，我是姜岩的姐姐》一帖捏造事实，对王菲进行诽谤。随后，网友发动"人肉搜索引擎"，将王菲及所谓的第三者"东方"的个人资料公之于众，导致王菲和"东方"双双辞职。之后，一些情绪激动的网友又找到王菲父母家，在王家门口写下"无良王家，逼死贤妻"等语句。为此，王菲拟将上述三方起诉，要求确认其侵权，赔偿其工资损失 7 万元和精神损害抚慰金 6 万元。

（三）训练要求

学生在认真分析案件的基础上，掌握审查现有案件证据的目的和方法；掌握确定事实调查范围的方法；养成制定事实调查计划的习惯并掌握制定事实调查计划的方法。

二、事实调查技能训练

（一）询问证人的训练

证人证言是非常重要的一种证据类型，真实、客观、直接的证人证言对定案起到关键性的作用。诊所学生必须掌握询问证人的原则和技巧，并学会制作询问笔录。

1. 训练素材

王某（男）与李某（女）于 2010 年经人介绍结婚，婚后感情平淡。李某人高马大，脾气暴躁。王某身材瘦小，胆小懦弱。因为家庭琐事，两人经常争吵。李某经常打骂王某，孩子出生后，更是变本加厉。王某意欲离婚，称自己被家暴。

2. 训练目的

掌握询问证人的原则和技巧；了解笔录在证据调查中的意义和作用，明确笔录的种类和制作要求，掌握证人询问笔录的格式和制作方法。

3. 训练要求

第一，将学生分为两组，一组扮演代理人，另一组扮演证人。

第二，代理人组事先要制定询问计划，列明需要询问的问题。

第三，代理人组内每两人为一小组，对应一名证人。

第四，询问的同时制作笔录，小组内可以进行分工，一人询问，另一人记录。

第五，询问结束后，以小组为单位对询问过程及制作的询问笔录进行分析。

(二) 手机短信和微信证据的固定训练

在人际交往中，手机短信和微信被大量使用，作为电子数据，短信和微信的内容也会被保留下来，因此其具有一定的证明力，对于此类证据的固定和保全也具有重要意义。

1. 训练素材

赵某为某企业老板，2009 年，为扩大再生产，其通过各种方式进行民间融资，约定 2 分利（月息），出资者随时可以撤回资金。张某将 50 万元交给赵某，双方没有签订借款合同。2009 ～ 2011 年，国家经济运行平稳，赵某每年都能按时支付利息。2011 年末，经济开始下行，赵某破产，张某未能及时撤回资金。自 2012 年开始，张某通过电话、短信、微信的方式不停地向赵某索要借款。赵某以各种理由未予还款。

2. 训练内容

对手机上的微信内容进行固定和提取。

3. 训练目的

通过手机微信内容取证的模拟实验，让学生能够从理论上了解手机微信证据的归类、特点，明确手机微信作为诉讼证据的基本要求。

4. 训练要求

（1）将学生分成几个小组进行模拟实验，既可以由学生自由组合，也可以由教师分配。

（2）小组内学生应当先进行讨论，讨论内容主要涉及：手机微信和短信内容属于证据种类中的哪一种？其具有什么特点？作为证据使用存在什么风险？对此类证据取证的基本要求是什么？常用的取证方法有哪些？

（3）要求学生将当事人张某手机上的微信内容进行取证，并将取证过程记录下来。

（4）取证的过程可以使用手机拍照和录像。

第四章
法律咨询

第一节　法律咨询概述

一、概念

咨询即征求意见，是指通过某些人头脑所储备的知识经验和通过对各种信息资料的综合加工而进行的综合性研究开发。咨询产生智力劳动的综合效益，起着为决策者充当顾问、参谋和外脑的作用。随着经济社会发展和科学技术进步，社会专业化分工越来越发达，专业领域越来越多，专业知识越来越丰富。咨询作为一项具有参谋、服务性的社会活动，在军事、政治、经济、法律等领域中发展起来，已成为社会、经济、政治生活中辅助决策的重要手段，并逐渐形成一门应用性科学。各种咨询公司的出现，表明咨询活动已逐渐社会化、专业化，成为智力密集型的头脑产业。

法律咨询是诸多咨询形式中的一种，也是业务中很重要的部分。在纷繁复杂的经济社会中，法律涉及生活的方方面面，法律因素无处不在，我们每一次举手投足都可能与法律相关，法律已经发展为一个庞大的科学系统。法律法规浩如烟海，法律工作内部分工越来越细，即使一个专业的法律执业者也不能将所有的法律研究透彻。随着对法律专业化的要求越来越高，法律咨询已经逐渐发展成法律专业人员提供服务的一项重要内容。经济社会和社会生活中出现的法律问题越来越多，面对这些问题时，无论是单位还是个人，或是由于没有受过专门法律训练、缺乏法律常识，或是由于不可能拥有各种领域的专家和技术人员，不能凭自己的力量完全处理好。因此，法律服务有其存在和发展的必要性，而法律咨询又是法律服务中十分重要的内容。

所谓法律咨询是指法律专业人员就当事人提出的有关法律事务的问题，作出解释、说明，提出建议和解决方案的活动。如果咨询者由于主观、客观因素而不能亲自办理这些问题但又必须提供法律服务的，法律服务中介机构中具有执业证照的专门法律工作人员在征得其同意的情况下，在已经获得咨询信息的基础上，应不畏艰难和斟酌利弊，于时机成熟时果断地为咨询者承担法律代理服务。

法律诊所教学中，法律咨询是学生在真实的法律环境中，面对真实的当事人，解决真实的法律问题的一种基础的、常见的教学方式。法律咨询不仅要为当事人提供基本的法律意见，而且还要在商量、讨论、分析的基础上，共同作出决定，是一种双向的、互动的和参与式的实践活动。

二、范围

凡是有关法律、法规、政策等方面的问题以及有关具体事务的问题都属于法律咨询的范围。法律咨询是建立咨询者与法律诊所学生之间信任关系的桥梁。由于《律师法》对解答法律问题的范围没有进行明确规定，所以实践中的做法不统一。但根据实践经验，法律诊所学生要对解答法律询问的范围进行合理限制，但也不要限制得过窄，应是就咨询者提出的有关法律、政策问题，做出正确解答，防止对法律做出扩张解释，也要尽量避免主观臆断。具体咨询范围包括以下几个方面：

（一）解释相关法律条文

咨询者经常会提出对法律进行解释的要求，而且主要是针对实体方面提出问题，这种咨询又可以划分为以下几种情况：

第一，单纯的法律条文解释。某些法律条文本身可能有解释，此外，司法解释、立法解释可能会对法律条文的具体含义进行解释。法律诊所学生在进行解答时要注意相关的明文规定的司法解释，应该向咨询者讲明具体解释的出处和其法律效力。没有明文规定的司法解释的，学生应根据条文制定的立法意图和法学理论进行解释。

第二，相似法律条文的解释。法律中存在一些内容相似的法律条文，咨询者很可能混淆这些法律规定。针对这种情况，学生应找出相关规定之间的异同点，找到本质区别，帮组咨询者进行区分。

第三，对法律文书中法律条文的解释。学生要先分析文书中的案情，并结合案情对相关法律条文进行解释，还要顾及实际情况的变化。此外，学生在解释法律文书中引用的法律条文时，仅需说明相关条文引用是否正确，对于情节轻重、过错的大小等情况一般不予解释，因为这些内容只有通过了解案卷中的证据情况才能做出评判。

（二）解释诉讼常识

诉讼常识包括律师的聘请程序、起诉的条件、诉状写作、案件的管辖、当事人的权利和义务、诉讼费用、诉讼时效、举证责任、证人以及执行申请期限等程序方面内容。法律诊所学生需解答咨询者关于民事诉讼、行政诉讼、刑事诉讼等程序法方面维护自身合法权益的问题。对诉讼常识的咨询，学生一方面要耐心进行解答，使咨询者了解法律的规定；另一方面还要尽力帮助咨询者掌握方法，使其可以运用诉讼程序相关法律规定独立地行使自己的合法权利。

（三）咨询其他相关内容

咨询者的问题可能涉及金融、会计、税务、评估等多方面的内容。学生知识储备少且缺乏生活经验，所以很难针对这些问题给出准确的答复。对于涉及知识范围内的问题，学生可以进行解答，但如果对某一具体规定不够了解，那么就要向咨询者说明情况，并告知其向有关部门进行咨询。如关于公司设立需要的手续，可以指引其到地方工商局、工商所进行咨询。

（四）咨询申诉相关内容

咨询者由于不服判决而向法律诊所寻求法律咨询，也是国内很多法律诊所常常会遇到的情况，这往往与信访制度存在一定关联。尤其是北京或者省会城市高校中的法律诊所，经常会遇到信访者。关于申诉相关内容的咨询，学生应该认真查阅相关案卷材料，特别是要认真研读已经发生法律效力的裁判文书，结合裁判文书中的证据分析案情。对于冤假错案的相关咨询者，学生要热情接待并认真倾听，给咨询者以帮助，而不是受其感情左右而随声附和。如果确实是冤假错案，要给予帮助，告诉其申诉方式和期限；对于不符合申诉条件的，要尽力说服，使其自愿放弃不合理的要求。不属于司法机关处理的，告知其到相关部门申诉落实。

法律诊所学生在会见当事人之后，可以依照以下方式提供咨询服务：

第一，给予口头或者书面解答、代写法律文书。根据咨询者的要求，学生应针对咨询者的案件或事务的具体情况，在征询指导教师意见之后，给予咨询者正确的口头咨询意见，也可以代为书写法律文书。如果案件较为复杂，也可以出具法律意见书，经过指导教师指导后再交给咨询者。

第二，代理诉讼。当咨询者要求学生为其进行代理时，为保护咨询者的合法权益，对于合法、合理的请求，学生在征求指导教师同意后，可以为其进行代理。

第三，针对异常情况要进行特殊处理。对于精神病人或者危险人物，学生要对其进行法律宣传，采取合理措施，不能听之任之，积极主动联系指导教师，防止事态扩大。必要时通过指导教师向上级领导报告。

第四，及时纠正错误。学生解答问题时，可能会出现错误。事后发现错误的，要及时联系咨询者进行纠正。

综上所述，法律咨询涉及的范围很广，包括生活的方方面面，也包括法律的诸多问题。随着我国法治的不断完善，人们的法律意识越来越强，需要在各个方面获得法律帮助。所以法律咨询的范围也在不断扩大。

三、法律咨询中的职业道德

虽然诊所学生的身份地位与专业律师有所不同，但在进行法律咨询时，其同样也应遵守相应的职业道德。

（一）当事人利益与自身利益相冲突时，以当事人利益为重

诊所学生一般都会面临这样的问题：接手一个案件后，实践中法院或者其他方面的原因导致案件办理时间较长，可能在寒假或暑假来临，甚至临近毕业时，案件还未能结案。此时，如何协调时间上的冲突？如何更好地维护当事人的合法权益？这就需要学生在自己利益和当事人利益间进行平衡和取舍。当然，应该坚持以当事人利益为重的原则。学生要分清孰轻孰重，既然答应了当事人，事先就应当预测到时间上的冲突，关键时刻应当牺牲自己的利益以保全当事人的利益。

（二）忠于事实、忠于法律，给出现实可行的意见

学生在进行法律咨询时必须尊重客观事实，提供的意见应当具有现实可行

性。不能仅仅根据法律规定就望文生义，还需要考虑到政治、经济、社会等各方面的因素。不能给当事人开空头支票，要实实在在地解决问题。

（三）在当事人利益与社会公共利益冲突时，以当事人同意为原则

诊所学生的法律工作性质属于法律援助，本身就具有公益性，有时不仅仅是代理一个案件，而是有着更广泛和更深层次的价值追求，即通过个案来唤醒整个社会的法律意识和权利意识。如果双方当事人自行和解，而不是通过诉讼的方式来解决，那么学生就不能强硬要求当事人放弃和解而选择诉讼。只有在当事人知情并同意的情况下，才可以按照学生的要求来追求社会公共利益。

第二节 法律咨询的阶段

一、咨询的计划

为实现法律咨询的目的，需要事先制定全面的咨询计划。诊所学生制定法律咨询计划时，除应在计划中列明计划人外，还应包括以下内容：

（一）了解案件事实，综合整理信息资料

需要向当事人了解所咨询的案件事实，需翻阅与案件有关的其他资料，包括事实调查的资料、法律条文的检索结果和研究资料、所有同案件有关的记录中的法律或非法律的细节等，这些都要在计划中予以列明。对于进行法律咨询的律师或者其他法律专业人员及机构来讲，掌握受访者咨询问题所涉及的资料是提供法律解答意见的保证。制定会见计划的主要目的是为获取信息做准备，制定法律咨询计划的主要目的则是运用获取的信息做出决定。因此，律师或其他法律专业人员及机构进行法律咨询时，务必要尽可能掌握所有事实资料，并结合已知的资料寻找相应的法律依据。

（二）整理待了解和决定的事项

待了解的事项具体包括：当事人要咨询哪些问题，咨询的主要目的是什么，案件的基本事实，法律规定如何，等等。待决定的事项包括：当事人咨询哪些问题需要作出明确解答，哪些内容需要作出决定，等等。只有明确了上述问题，才能做到准备充分，正确进行解答。

（三）制定询问提纲

询问提纲中要根据案件情况及当事人的情况对询问过程作出安排。提纲应包含实体与程序两个方面。询问当事人要围绕当事人的陈述进行有针对性的调查，这就要求律师或诊所学生在清楚法律关系性质、明确当事人的咨询目标并对相关法律进行准备的情况下，制定出咨询提纲。例如，甲故意伤害乙，双方当事人不能就赔偿问题达成一致意见，派出所告知乙到法院起诉解决争议。这时，乙想了解如何进行诉讼以及可以获得多少赔偿等问题。在该法律咨询案例中，咨询目标是十分清楚的，就是通过诉讼使甲对乙进行赔偿。法律关系也清楚明晰，即人身损害赔偿之诉。就此律师或者诊所学生应列出以下咨询提纲。①实体部分调查提纲内容。a. 行为发生的时间、地点、行为方式，证明者；b. 医疗费用：病例、诊断、鉴定、发票等单据凭证；c. 误工费：是否住院、住院天数、工资证明；d. 护理费：护理依据、护理人员、工资证明、护理天数；e. 交通费：单据发票、用途；f. 住宿费：单据发票、用途；g. 住院伙食补助费：住院天数、补助标准；h. 营养费：医疗证明、营养标准；i. 伤残情况：有无伤残、等级、证明，是否需要配置残疾器具、用具标准、证明；j. 是否要后续治疗、护理、依据；k. 有无被抚养人，被抚养人年龄、户口，其他抚养人情况；l. 是否提出精神损害抚慰金，若是的话，数额是多少。②程序部分调查提纲内容。a. 伤情：轻微伤、轻伤、重伤，有无法医鉴定，是民事诉讼还是刑事附带民事诉讼；b. 伤害时间，出院时间，是否超过1年诉讼时效；c. 甲的户籍所在地，伤害行为发生的时间、地点。

在咨询提纲列出之后，律师或者诊所学生就能依照提纲对当事人进行询问，与此同时，要对询问过程予以记录。

（四）多种方案，标识各方案利弊

在进行法律咨询时，要将事先准备好的方案提供给当事人选择，并要在每种方案上标注此种方案的利弊，目的是使当事人权衡每种方案的利弊得失后作出最适合自己的选择。同时还要标注出必然结果和预测结果以及哪些结果是需要进一步进行调查的。当事人陈述说"之前购买了家具一套，但由于匆忙没有对合同内容进行仔细阅读，后来由于制造商使用不合格的材料，出现家具门脱落的情况，遂要求家具公司修理，但家具公司以合同中约定'家具安装完毕，公司不承担任何责任'为由不给修理。请问：合同中有这样的约定是不是意味着家具公司就不需要承担责任了？我该怎么维护自己的权益?"根据《合同法》第四十条，格式条款具有该法第五十二条和第五十三条规定情形的，或者提供格式条款一方免除其责任、加重对方责任、排除对方主要权利的，该格式条款无效。所以诊所学生应该告诉当事人家具公司出具的合同中的免责条款属于免除自己责任的无效情形。另外，因为家具存在严重的质量问题，所以根据《合同法》第一百一十一条的规定，应告诉当事人其可以合理要求家具公司承担违约责任；可以要求家具公司对家具进行更换；可以要求家具公司退货；也可以要求家具公司减少价款。同时，要将每种方法的利弊向当事人阐明。

（五）努力建立与当事人之间的信任关系

诊所学生虽然系统学习了法律知识，但还缺少实务经验和咨询技巧，所以在进行咨询活动时更应该在合法限度内努力实现当事人的合法利益，对当事人咨询的案件竭尽全力，努力建立起与当事人之间的信任关系。

二、咨询的目标

法律咨询目标是咨询目的实现的方向和量化标准，咨询目的能否实现必须在对咨询目标进行利弊得失评估后才能确定。如果当事人没有明确的咨询目的，将会使咨询目标存在变化。律师或者诊所学生在提供法律咨询实践中会发现，有些当事人能够准确清楚地表达他们的咨询目的，这时律师或者诊所学生就很容易与当事人就咨询目标形成一致的认识，从而进行的咨询活动也十分有效。然而，当事人是否准确地表达了咨询目标，这需要律师和诊所学生们进行识别和确认。识别并确认当事人的目标是进行材料综合分析前必须完成的。

当事人咨询目标可能是动态的，这就要求律师和诊所学生在进行咨询活动时应对咨询目标进行必要的识别和确认。有的当事人进行咨询时，并不明确自己的咨询目标，自己还犹豫不定。所以需要提供法律咨询服务的律师或者学生对当事人的目标进行明确，并帮助当事人针对不同目标进行分析，引导当事人用足够的时间来确认目的，劝说当事人对自己所涉事务进行慎重处理，并可以在当事人确立目的后再进行详细的咨询和安排。如某女子发现丈夫出轨后到诊所进行咨询，咨询过程中讲述自己与丈夫从同学变成夫妻，婚后感情很好，家庭很幸福等，但现在丈夫出轨，自己非常生气，又担心离婚后对孩子有不好的影响。这种情况下，如果说当事人的目标是离婚，还不如说当事人知道律师经手此类案例多，见多识广，想听取律师介绍他人遇到这种情况的处理方式，以及不同的处理结果会有什么影响。有经验的律师在识别到当事人的目标后，即会对当事人进行安抚，向当事人客观介绍自己处理过的类似案例，讲明不同的处理后果的利与弊，使当事人冷静之后再做出决定，并不是直接对当事人进行离婚咨询。不然，咨询工作极可能是不负责任的。

法律咨询中，当事人咨询的目标不仅多样，而且咨询目标也处于不断变化之中。前来咨询的当事人往往刚开始都不懂法，而对目标要求过高，或是存在侥幸心理，希望能获得更多更大的利益，或者是不信任律师或者学生，不愿意一步讲清自己的目标，再或者就是目标多样，自己也不确定自己的目标。这几种情形普遍存在于咨询当中，所以需要针对不同的情况采取不同的方法。对于不懂法并且提出的目标不能被支持的情形，应明确告知当事人相应的目标不可能实现，由当事人自己进行慎重考虑；对于当事人不切实际的过高要求，应尽力劝说当事人自愿放弃，并要告知无法实现目标后当事人会支付很高的成本并且不利于问题的解决；对于不愿意一步讲清自己追求目标的当事人，律师应告知其如果不讲清咨询目标，咨询对他就不会有实际的帮助作用，并要用自己诚恳的态度与当事人建立互相信任的关系；对于目标多样的当事人，应询问其最关切的目标是什么，审查多样的目标是否一致，能否并列存在，不能同时存在或有冲突的，应帮助当事人选择一个最可行的目标。学生需要注意的是，不能期待当事人在第一次交流时就将自己的咨询目标准确表达出来，自己要学会通过当事人的举止行为去揣摩其真实的意图，总结提炼出其咨询的目标，并要表达给当事人以求得其确认，这是做好法律咨询的保障。

在咨询中，各种因素都会影响当事人的咨询目标，正确帮助当事人调整咨询目标需要注意以下问题：

第一，注意当事人利益的最大化。正确的目标必定是对当事人而言最有利的，能够使当事人获得最大化的利益。目标最大化的实现当然要合法并且不能违反社会道德。对于同一个案件，可能存在多种请求。当事人有时只能在这些请求中进行选择，因为每一个诉讼请求需要当事人准备的证据不同、结果不同、裁判标准也不同，这时要对不同方案、不同请求进行比较，坚持当事人利益最大化原则。

第二，注意目标能否实现。目标应是最可能实现的目标，是已有的证据、法律支持最有力的目标，可能不是最高但却是最有保障的目标。在司法实践中，提出了利益最大化主张。如何实现此主张，一些案件既可以通过其他途径，要求相关部门进行解决，也可以通过调解、协商、诉讼解决。即使是通过诉讼途径，也存在救济方式的选择，比如既可以起诉甲，也可以起诉乙，这时就要考虑哪种途径实现的"性价比"最高。

第三，目标应是当事人认可的。当事人目标的实现就是当事人利益的最大化。在一些案件中，当事人提出的方案可能不是最大利益的方案，这时学生应向当事人讲述清楚，如果当事人依旧坚持自己的主张，学生就要在做好记录的情况下，按照当事人的主张处理问题。因为法律的原则是，权利是可以放弃的，当事人有选择自己主张的权利，律师和学生仅仅能建议当事人如何选择。

同样的案件，不同的当事人会有不同的诉讼请求，追求的价值目标也不同，律师或者诊所学生要在讲清自己的理由后尊重当事人自己的选择，不能依据自己的判断代替当事人做决定。例如，张律师为王某故意伤害案辩护，张律师与王某接触中发现王某可能是精神病人，便自行决定申请司法鉴定，结论是王某在实施伤害行为时处于精神病状态，据此，法院判决王某无罪。谁知王某反而对张律师不领情，称张律师把他毁了，虽然伤人要坐牢，但坐牢出狱还能找到媳妇，但张律师申请鉴定认定他有精神病，就可能找不到媳妇了。案例中，张律师的行为在法律上和职业道德上没有可指责之处，但却因以律师的目标判断取代当事人的目标而致使当事人不领情。

第三节　法律咨询的原则及方法

一、原则

（一）以事实为依据，以法律为准绳

司法工作的基本原则即是以事实为依据、以法律为准绳，所以法律咨询作为司法工作的组成部分，同样适用该原则。这一原则在法律咨询中体现于要求学生

在解答咨询问题时，以事实为基础，忠于事实真相，并且正确运用有关法律、法规和政策进行咨询服务。所以，学生解答咨询问题时，应首先提醒咨询者提供真实情况，不能歪曲、隐瞒、捏造事实。学生应对咨询者提供的信息进行判断，如果不加以判断，很可能做出错误的解答。一般而言，学生仅对咨询者提供的事实负责，并不需要对客观事实负责，这取决于法律咨询本身的性质。学生对咨询者提供的事实进行仔细分析后，就咨询者提出的相关问题，运用专业知识进行解答。正确运用法律是咨询工作的一个重要方面，因为法律的运用，关系到咨询者的切身利益。所以在咨询过程中，对于简单的问题，学生应立即做出准确答复；对于比较复杂、一时间难以独立解答的问题，学生先要向咨询者说明情况，然后独立查找相关资料，并与其他同学、老师交流学习后，再给予解答。

（二）服务态度热情

法律咨询是学生为咨询者提供法律服务的一种形式，所以学生在提供法律服务的过程中应热情服务于咨询者。作为未来的法律工作者，学生必须要树立起为人服务的工作态度，尽最大限度保护当事人的合法权益。热情服务要求态度和蔼可亲，解答法律问题时认真负责。学生解答法律咨询时，要注意咨询者的认知能力，尽量使用法言法语，做到深入浅出、通俗易懂。学生应对每个咨询者的问题持平等对待的态度，对于简单的问题不能不愿进行解答，也不可以因为问题复杂而互相推诿，而是应该对每个咨询者提出的问题进行仔细认真的回答。如果学生答非所问，那么咨询者按照学生所谓的解答处理问题，就会造成错误的结果或者是严重的损失，继而导致咨询者对学生极度不信任。热情服务不意味着对咨询者的问题有问必答，学生只能就法律相关问题进行解答，对于法律范围之外相关内容的回答是不负责任的。

（三）维护社会秩序

学生在解答法律咨询问题时，要着眼于社会整体的安定团结，对于一些小的矛盾纠纷，如果可以通过非诉方式解决，尽量劝说咨询者通过非诉途径解决，劝说咨询者与对方互相谅解，通过和解等方式解决纠纷，这既有利于避免纠纷的激化，也有利于减少当事人诉累。禁止学生鼓动咨询者扩大矛盾，同时要求学生向咨询者宣传社会主义法制，促进社会的和谐稳定。

二、方法

法律咨询的方法有书面解答与口头解答两种方法。书面解答相对容易掌握，而口头解答比较便捷灵活。至于这两种方法的具体适用，应视情况而定。

（一）口头解答

口头解答指学生用口头方式对咨询者提出的法律问题进行解答。具体包括面谈方式、电话方式、互联网方式等。进行口头解答应注意以下问题：

首先，学生一定要听清咨询者提出的事实和问题，准确把握问题的基本情况。对于存在一定交流障碍的咨询者，要认真、耐心倾听。对于不是很明确的内容，一定要向咨询者进行确认。

其次，学生解答法律问题时，要尽量使用通俗易懂的语言，不可故弄玄虚。必须要使用专业词汇的地方，要向咨询者解释其内容，做到深入浅出、通俗易懂。还要注意法律条文适用的正确性，一些不能公开的文件要注意进行保护。

最后，学生咨询时会遇到难以圆满回复的情况，如果必须要回复的，学生可以把问题记录下来。需要查阅资料、集体讨论、请示指导教师后才能解答的问题，学生可以与咨询者另外约定时间通过口头方式进行回复，或者记录咨询者的通信方式以邮寄答复的方式进行书面回复，不能给咨询者含糊不清或者不确定的答复。

（二）书面解答

书面解答指学生以书面形式对咨询者提出的法律问题进行解答。具体包括信函、书面留言、传真、电子邮件等。随着网络技术的发展，可以通过各种形式将法律咨询过程进行记录。书面解答时要注意准确、及时、安全地投递与接受，通过网络技术进行解答时，要注意对回复的安全保护。法律意见书或者分析报告书等法律文件是咨询者行动的指导。所以在进行咨询时，一定要谨慎认真，防止出现重大失误给咨询者带来损失。

在各类书面解答中，法律意见书是最常见的形式。法律意见书是指学生应咨询者的要求，针对某一法律事务，根据咨询者提供的材料和事实根据，正确运用法律进行阐述和分析，给咨询者出具的、提出如何解决的建议书。法律意见书可以分为以下几类：

第一，要件类法律意见书。主要是关于股票上市、发行、配股等的法律意见书。

第二，审查类法律意见书。主要是在审查委托人或者拟委托人提供的各类法律文书后出具的对所审查的合同草案、合同方案从法律角度做出评价，提出可行与否和建议的法律文书。

第三，解疑类法律意见书。主要是依据法律、法规对委托人提出的有关法律行为、法律事实问题，给出解答释疑的法律文书。

第四节　法律咨询的实施

一、法律咨询的技巧

（一）倾听

学生应当以友善的态度，站在当事人的角度，带着同情心去听取当事人的述说。一个好的法律服务者，应当像一个心理医生一样，善于开导当事人，给予当事人信心和安慰，使郁闷的当事人能够稍微放下心理包袱，使愁苦的当事人看到希望，使激动的当事人能够恢复理性。如果学生在解答咨询的时候，能够达到这些效果，应该说，双方的沟通就会变得容易很多，当事人对学生的依赖和信任也会随之增加。

由于学生的法律知识存在某些盲点，在当事人的追问下，有些学生张口结舌，显得很不自信，这样会使当事人觉得为自己服务的学生什么都不懂，怎么可能会信任他并请他做代理人呢？有时，学生恰好对当事人咨询的法律业务十分熟悉，于是乎口若悬河、滔滔不绝，可是说了半天，当事人不知所云、一头雾水，学生也是白费口舌。当事人听不懂学生的话，也许会产生一种敬畏的心态，但是对于学生能不能真正维护自己的利益，还是存有疑虑。有些学生之所以跟当事人说了半天，当事人还没有听懂，那是因为学生在解答的时候，没有注意到自己面对的是怎样的听众，对当事人的知识水平和领悟能力没有把握好，解答变成了课堂上的背书，一大堆的法律名词和复杂的逻辑关系，令当事人头昏脑涨。前来咨询的当事人往往处于不同的麻烦状态，很少有兴高采烈的，这就要求学生在面对当事人的不同情况时要灵活应对，使伤心的当事人能够平复下来并因为学生的引导和解答而看到希望，使义愤填膺的当事人能平复下来，在学生的引导下认真理性地分析案情。此外，当学生认为前来咨询的当事人有所隐瞒，或者根据法律和道德当事人在案件里面的表现有很多不妥之处时，也不应立即点破，学生应当站在自己当事人的立场上，使当事人相信自己，并基于自己的职业道德尽最大努力去维护当事人的合法权益。当事人在案件中的不妥之处，自然有司法机关来处理，学生实在没有必要越俎代庖。

（二）发问

在听取当事人讲述基本情况以后，学生应当及时打断当事人过于冗长的述说，接过话题主动出击，向当事人询问一些自己需要了解的信息。当事人不懂法律，他们的述说会遗漏、忽略一些重要的法律事实，所以学生应当主动发问，让当事人回答，以便给当事人做出专业指导，同时自己也能及时准确地了解所需要的案件信息。学生的发问应当是有目的的，是根据自己所知道的法律知识做出一些必要的提问，在提问的时候就应该准备好如何回答，而且不必急于解答，给自己一些时间来回忆相关的法律知识，并整理思路、组织语言。

（三）判断

当发问结束以后，学生对整个案件的基本情况已经大致有了一个了解，对于自己能不能解答这个问题，是否有能力办理这起案件已经心中有数。在提供解答之前，学生可以让当事人选择需要学生服务的方式，即仅仅是咨询，还是要求学生代理整个案件。谈妥服务方式以后，学生可以根据自己对法律的熟悉程度，有选择性地为当事人解答。对于自己不熟悉、没把握的领域，要找指导教师咨询。

（四）解答

学生在解答法律咨询的时候，应当牢牢把握局势、争取主动，不能被当事人接二连三的问题难倒。一般而言，不要全面接受当事人的材料和看法，而要有自己独到的见解。

学生应该努力丰富自己的专业知识，这是毋庸置疑的。在当事人看来，自己要请的代理人应该是对自己的法律纠纷非常了解，专业功底十分扎实，无所不知的。但法律内容、法律知识十分繁杂并且会时常出现变动，因此对学生而言，出现法律盲点是一件正常的事情。面对这种情况，学生就要做好应对工作。解答的目的是使当事人在学生的提问和解答后更了解案情，知道自己应该如何应对，并对学生产生信任。因此，面对自己熟悉的法律领域，学生应当考虑到当事人的具体情况，对于不太了解法律知识的当事人，应当尽量避免采用法律术语，而是选择使用当事人能理解的语言。在出现自己不能立即解答当事人问题的情况时，仍应做到自信和从容，保持该有的形象，以免使当事人认为自己的咨询者什么都不懂。

二、口头解答的程序

（一）引导当事人准确陈述事实

除一般知识性咨询外，当事人提出咨询多是为解决某具体问题。在这种情况下，当事人往往急于提出问题，忽略介绍有关事实，使接待者不知所云。如婚姻案件中，一方当事人见到学生后马上问自己与对方的房屋应如何分割。实际上，该房到底是公房还是私房、是何种公房、面积多大、结构如何、对方意见等，一概不介绍。这时，学生就需要正确引导。

第一，询问当事人咨询的意图。咨询意图有对法律问题的一般了解、要求代书、调查、代理等，它决定着其他咨询步骤。

第二，了解问题的性质，如是否是房地产法律事务，是何种房地产法律事务，等等。

第三，了解当事人及所涉人员基本情况。当事人咨询的事务中，大多涉及他人。如不了解当事人及所涉人员基本情况，指代不明，就会阻碍对事实的了解，甚至无从把握各方的相互关系。当然，当事人有时出于保密或其他考虑，不愿透露本人及有关人员身份，在这种情况下，应用其他方式确定各方关系。

第四，了解事件发生过程。主要包括时间、地点、事件具体经过。对某些情节，因已了解当事人咨询意图和问题性质，对不必要及当事人重复之细节，可适时打断。

第五，检查当事人提供的有关材料。待当事人陈述完毕，询问当事人是否有书面材料（包括当事人自书的材料、事件发生过程中产生的单据或其他证明材料）。如有必要，询问上述材料的来源或形成过程。

（二）有针对性发问

一般经过陈述的步骤，学生已对咨询的问题有相当程度的了解，但如有必要，仍应进一步了解以下内容：

第一，有关案件事实。因利害关系，当事人会有意或无意地回避一些关键事实，使学生做出错误判断。此时，学生应在向当事人说明自身有义务为当事人保密的同时，指出了解该事实的意义，以促使当事人做出正确陈述。遇有当事人确实难以准确说明的情况时，可侧面提问，依当事人提供的材料进行分析、推断。

第二，有关行业规章、政策、惯例。房地产业务因其涉及面广、影响大，国家主管机关多有相应法律、政策，如《城市房地产管理法》《城镇国有土地使用权出让和转让暂行条例》《城市房屋拆迁管理条例》《城市私有房屋管理条例》《城市商品房预售管理办法》《城市房屋租赁管理办法》《城市房地产抵押管理办法》《个人住房担保贷款管理试行办法》《关于发展房地产业若干问题的通知》及相关的法律法规《城市规划法》《土地管理法》，另外，还有正在形成法律或尚未形成法律规范的民间惯例，如买卖不破租赁、房屋典权等。这些依据在各地适用上均有特色，应向当事人了解具体适用情况而不应限于对条文的教条解释。

（三）解答咨询

解答咨询应符合以下要求：

首先，明确。尽管当事人咨询的每一具体问题的未来走向难以准确预测，但某种行为是否合法、依法定程序如何操作，法律是有明确规定的。因此，即使事实判断难以准确，但法律价值判断明确。

其次，客观。学生与当事人经过相互交流，了解当事人的意图，有时会不自觉地迎合当事人的要求，做出符合当事人意图的答复。究其原因是在互动过程中产生了心理相容。尤其在房地产案件中，一些损失的出现可能不是由于当事人的明显过错，仅仅是一个双方风险负担、行为可否对抗善意第三人的问题，极易引起学生的同情。不客观答复会导致潜在损失扩大的可能，应尽量避免。

最后，于法有据。当事人期望得到的是问题的解决方法，有时并不看重法律依据。而学生作为法律专业人员的价值却恰恰在于能够为当事人提供法律依据，否则，与非专业人员的经验判断、主观推测就没有任何区别了。因此，学生解答法律咨询，应力求于法有据。

三、书面解答的程序

书面解答主要是为咨询者提供法律意见。有关法律文书格式样本中还没有法律意见书的写作格式。就当前各地的使用情况看，基本形成了如下一种写作模式：

（一）法律意见书首部

法律意见书首部应包含以下内容：

一是标题。在文书顶端居中标明"法律意见书"字样。

二是致送单位（或人）的称谓。在标题的下一行顶格写明接受文书的单位名称或人的名称。如"××有限责任公司""尊敬的××国×××先生（女士）""××董事长"等。

三是说明解答内容的缘起和依据。要求用简明扼要的文字概括解答的是什么内容，即就提出的什么问题予以答复，这是法律意见书的开头部分。

（二）法律意见书正文

这部分是法律意见书的主体部分。正文通过法律、法规来详细解答询问人所提出的问题。一般而言，这一部分需要进行严密的论证和科学的分析，从而给询问人一个圆满的答案。正文的内容既可单列一项，就问题作答，也可以分为若干个问题，用分题标号形式一一作答，具体如何写，要根据询问人所提问题的多少来决定。

（三）法律意见书结尾

正文写完之后，一般应另起一段，用几句话对所述问题进行总结，加以概括，起到归纳全文的作用。最后在文末右下角写出咨询者工作单位、职务及姓名，并注明制作日期。

（四）法律意见书附件

法律意见书如有附件，应在正文之后列出附件名称，并编好顺序。

（五）法律意见书落款

一般以法律事务机构名义，也可是企业法律顾问个人署名；以法律事务机构名义时，其负责人应签名，以示负责。署名之下是送呈时间。

第五节　法律咨询的训练

一、接待来访的训练

（一）明确法律咨询步骤

第一，整理信息材料。综合整理所有案件材料，明确当事人咨询的主要目的是什么、哪些事情需要咨询、哪些内容需要做决定，为咨询做好准备。

第二，事实调查与法律检索。学生要尽可能地掌握资料，利用法律检索的技巧寻找相关依据。咨询阶段是会见、事实调查、法律检索和法律文书等技能的综合运用阶段，需列明要查清的事实以及要查询的法律。

第三，制定解决方案。学生应事先准备多种方案供当事人进行选择，应注明哪些结果是必然的，哪些是预测的，哪些结果需要进一步调查。

（二）引导当事人陈述

第一，交流方式多样。接待来访是与当事人面对面地进行对话和交流，学生要学会在接待咨询的场合用眼神与当事人交流。可以用神态进行暗示。听的时候注意眼睛与当事人对视，以点头或者手势鼓励当事人说下去。还要学会用语言引导，表现出自己对问题的关心。

第二，学会聆听。学生要认真听当事人的陈述。不可以在当事人讲话时做出东张西望等不耐烦的表情。刚开始进行咨询时，不要打断当事人的发言，认真听着就好。应该对当事人的感觉和意见表现出极大的兴趣，并积极努力去听，进而了解对方。如果遇到不明白的问题，要及时问清楚。而且要抓住主要内容，不要被细枝末节所吸引。在聆听过程中注意主要内容，从而抓住主要问题。思考的速度要快于谈话的速度，因此在聆听的时候要进行快速的思考分析。一些当事人无法直接切入主题，必须耐心听完其陈述后才能知道主要内容究竟是什么，在具备一定经验后，学生可以使用一些技巧引导当事人说出主要内容。

第三，学会关心。来到诊所进行咨询的当事人一般都有比较悲惨的境遇，或者目前处于困难的境况，这就需要学生理解他们的痛苦，同情他们。学生要进行适时的安慰，这会有助于拉近学生与当事人之间的距离。

（三）提出合理的建议

由于前来咨询的当事人的文化水平、社会阅历不尽相同，不可能每个人都能直接讲到问题的主要内容，所以需要学生通过咨询者的表述去揣摩、推测其真实意图，找出案件的实质问题。在心中形成主要脉络，并制定初步解决方案，明确当事人的意图后再次向当事人进行确认。另外，学生提出的建议要具有合理性与可行性，不能用抽象的回复来搪塞咨询者。不能把问题说得太绝对，要留有合理余地。对于现行法律没有具体规定的问题，在查阅相关资料后，努力为咨询者出谋划策。

（四）遵守保密义务

学生应遵守《律师法》《律师执业行为规范》等相关法律规范。一般来说，学生要首先说明自己负有保密的义务，在办案过程中也要对相关内容进行保密，不能随意泄露。有的当事人希望新闻媒体可以介入，从而扩大影响，对于这样的案件，可部分解除保密义务，做到宽严相济。

二、电话咨询训练

电话咨询是口头解答的一种，包括接听电话、咨询内容、答复建议三个方面。

（一）接听电话

首先，接听电话要注意使用规范文明的语言。要针对不同性别、年龄、职位的人员给予不同的称谓，不可以直接称人全名。其次，以良好的心态接听电话。由于诊所接待的当事人较多，学生难免会产生厌烦心理，这就要求安排好值班时间，合理轮流工作，防止单个学生工作时间过长，从而出现厌烦情绪。再次，接电话前应做好准备。接听电话之间要准备好记录，对于不同重要程度的信息分别予以详细或者简略记录，提高工作效率。最后，介绍接电话者以及法律诊所。打招呼前用简短的一两句话介绍诊所，使咨询者对诊所有一个基本了解。

（二）咨询内容

学生要主动询问咨询者姓名、籍贯、住址，是否来电来访等相关信息。询问之后进行复述，由咨询者进行确认，对以上个人信息以及主要问题要进行着重复述。咨询过程中要注意让咨询者听得懂自己的语言，也就是要口齿清晰，慢慢作答。声音要适中，声音过低容易使咨询者听不清，过高会使咨询者感到自己被厌烦。

（三）答复建议

这一阶段学生需要提供解决问题的方案或者下一步沟通的工作。电话沟通完毕后，再次向咨询者确认其是否完全知晓法律解决方案，可以表述为"我说明白了吗？是否需要我再表述一遍？"在出现不能立即答复并需要进行讨论研究的情况时，要尽量获得咨询者的谅解，表述为"对不起，这一问题一时间解决不了，请您多包涵"。学生要学会使用文明服务用语，在提供法律服务过程中加以运用，形成良好的习惯。

三、咨询训练

（一）接待来访训练

1. 训练素材

张亮（男，70岁），农民，体弱多病，有三个儿子和一个女儿。小儿子19岁，高一学生，与张亮和老伴一起生活，其他二子一女均结婚独立生活。大儿子张英雄为张亮夫妻养子，收养时张英雄刚刚8个月。张亮夫妻无生活来源，靠政府的低保生活。自2008年起，张英雄再婚后就不再支付张亮夫妻生活费，也不支付小弟弟的学习费用。二儿子和大女儿生活条件也不是很好，但还是在力所能及的范围内给予父母和弟弟一定的生活费用。现张亮到诊所咨询，想要起诉大儿子张英雄支付赡养费。

2. 训练要求

学生分别扮演接待者和来访者，实际演练法律咨询。

（二）电话咨询训练

1. 训练素材

王丽与曹元于 2006 年 12 月登记结婚，2008 年开始，因王丽未怀上孩子及其他琐事，双方频繁地发生争吵，夫妻感情越来越差，濒于破裂。2009 年 4 月 9 日，孩子出生后王丽一直在娘家居住。从 2010 年 2 月开始，曹元对王丽和孩子很冷淡，即使孩子病了，也不去看望。王丽和曹元已分居两年多，王丽要求离婚，并要求曹元每月给付孩子抚养费。曹元认为孩子不是他的亲生儿子，是王丽与第三人生的，拒绝给付抚养费，也不同意离婚。现王丽给诊所打电话咨询离婚事宜。

2. 训练要求

（1）要求学生事先写明：在接听电话前，应该做好哪些准备？在摘取话筒之后，第一句话应该说什么？
（2）要求学生在接听电话后，听取当事人陈述时，应当做好记录。
（3）要求学生事后将咨询记录进行整理。

第五章

谈　判

第一节　谈判概述

一、概念

谈判是人作为社会集体的一个成员，在完成单纯以个体力量无法完成的行为时，需要与个人以外的其他主体进行合作或解决矛盾冲突时所采取的一种协商手段。所以，谈判是个人或一方与其他成员相互合作或者解决各种矛盾冲突所采取的协商形式。由于在社会政治生活和经济生活中，人与人的合作以及人与人在交往过程中需要解决不断产生的矛盾和冲突，这就使谈判贯穿于社会生活的各个方面，以及各行各业的商业行为之中。商业谈判，是市场主体面向市场、开发市场的具体活动。商业谈判的过程，本身就是了解市场、开拓市场、接受市场检验的过程。谈判作为人类进行政治、经济等社会活动的基本方式，多年来，积累了丰富的经验和技巧。谈判是一门学问，是一门艺术，是一门有基本规律可寻的社会科学。

二、意义

谈判是诊所教育法律教育的重要组成部分。诊所法律教育以培养合格法律人员为主要任务，训练和提高法律职业技能是诊所法律教育的主要目标。作为职业法律人员，解决各种形式的冲突和危机是其职业活动的特点。从某种角度上说，法律职业人员的生存之道离不开利益冲突所带来的"危机"，而谈判就是解决利益冲突危机的途径之一。

三、谈判者应具备的基本素质

所谓素质，是人的品质与技能的综合，它是人们在先天因素的基础上，通过接受教育和客观实践锻炼形成的。在谈判中，有各种类型的谈判者，由于不同的地位、任务、工作性质和职责，对谈判者的要求也是有所差别的，但不论哪种类型的谈判者，都应具备相应的素质。一般来说，一名胜任谈判工作的人员应当具备以下基本素质：

（一）良好的气质和性格

谈判活动往往很困难、很艰苦，有时甚至要"知其不可为而为之"。一名成熟的、成功的谈判者应该具备坚强的毅力、百折不挠的精神以及坚定的自信心和决心。在谈判桌上，双方的利益是你进我退，一方若有半点委曲求全的意思，对方定会得寸进尺。因此，在谈判中，不管有什么样的困难和压力，谈判者都要显示出奋战到底的决心和勇气。良好的气质性格应具备以下特征：大方而不轻佻、爽快而不急躁、坚强而不固执、活泼而不轻浮、谨慎而不拘谨、严肃而不呆板、果断而不粗率。

（二）出类拔萃的能力

能力是知识运用的主观条件，是人的素质的综合表现。在谈判中，谈判人员必须具有较强的智能、技能、自控能力和思维推理能力。

1. 智能

所谓智能就是智慧能力，即认识、理解客观事物，并运用知识、经验等解决问题的能力，如记忆、观察、思考、判断和决策等能力。一名精明的谈判者，要能记忆各种有益的谈判素材、资料、情景以及瞬间的感受与体会，做好积累工作；要能留心观察对手处事的做法、神态、追求目标等行为；要有丰富的想像和创造能力，预测谈判发展的进程、趋势及意外情况，能够排除各种洽谈障碍，打破谈判僵局；要善于思考问题、辨析问题，进而明辨事物的真伪与是非，权衡其中的利弊、得失，做出正确的结论和对策。

2. 技能

所谓技能就是掌握和运用专门技术的能力。谈判是一种技术性很强的活动，作为谈判者，必须要掌握谈判所需的各种专门技术，当然法律是必备技能，此外还有调查预测技术、计算技术、论辩技术、文字书写技巧等。只有掌握这些技能，才能使谈判深入细致、得心应手，从而顺利且有效地实现谈判目标。

3. 自控能力和思维推理能力

所谓自控能力和思维推理能力，就是谈判人员在压力下进行分析与推理的能力。谈判双方利益方面的抗衡和相互依存，使谈判人员心理上承受的压力很大，需要随时就某个谈判事项的具体典型特征和实质进行分析与判断。这就要求谈判人员在承受压力的情况下，依据自身的知识经验，细心地观察与思考，根据已知的前提进行分析判断与推理，并使自己的提议与要求得以实现。即使谈判局势发生急剧变化，甚至在激烈的争执中谈判者也能克服自身的心理障碍，控制自身的行为，以恰当的语言和举止来说服和影响对方。

（三）良好的思想品德

一个称职的谈判者首先应该思想品行端正，这也是谈判者必须具备的基本条件。具体说来，有以下几个方面：

第一，热爱祖国，具有鲜明的政治观点和立场，能够自觉地贯彻和执行党的路线、方针和政策。

第二，有理想，有敬业精神，有事业心和责任感，勇于进取、敢于创新，不断开拓。

第三，作风正派，具有执着和牺牲的精神，既要战胜环境的挑战，又要战胜自我的压力。

第四，善于沟通、团结同仁，具有合作精神。

第五，遵纪守法，不违反国家政策和规定，保守国家机密和商业机密。

（四）渊博的知识

谈判作为一种边缘性学科和经营活动，是多种学科与知识的综合和创造。因此，作为一名谈判者，必须要掌握各种相关的基本知识。

第一，掌握政治、政策知识。

第二，精通心理学、行为科学和社会学的知识，善于分析己方及对方的各种需要、动机和行为，充分发挥谈判人员的积极性和创造性。

第三，掌握对外知识以及有关世界各国的风土人情、社会状况、国际社交礼仪、法律知识等，以适应国际谈判的需要。

第四，具有较高的语言、文学修养，使谈判能够生动活泼、有声有色，富有成果。

（五）丰富的经验

谈判是一种具有实践性、应用性的艺术。因此，对谈判的理论研究所得出的一般结论，只能作为谈判者的行动指南。要做到在谈判中炉火纯青，谈判者还需要经过多方面的反复实践，积累谈判经验。经验是实践知识与能力的结晶。谈判者只有书本知识，没有实践经验，只能使谈判成为纸上谈兵。

（六）过硬的身体素质

谈判是既消耗体力又消耗脑力的人类活动，很多谈判都是时间紧、任务急，没有健康的身体是很难胜任谈判工作的。谈判者应该处于适当的年龄跨度，应该有充沛的精力，保证思路敏捷、精力旺盛。

第二节　谈判的基本理论

一、谈判的方式

（一）对抗性谈判

对抗性谈判发生在以财产为对象的纠纷领域，如人身损害赔偿、财产分割、保险索赔、消费者权益保护等。对抗性谈判采用的方法依照谈判过程予以区分，大体上可以分为谈判前的准备和谈判中的技巧，就技巧而言也可以分为普遍方法和特殊方法。

（二）妥协性谈判

妥协性谈判多发生于一方对双方关系的存续和保持的重视程度远远高于其对双方所发生的纠纷或者冲突的关切程度。例如，夫妻在婚姻关系发生危机时，一方希望继续维持婚姻关系；商业合作中一方出于预期利益的考虑而愿意在某些合作领域让步等。

（三）合作性谈判方式

如果认为谈判就是一方坚持"原则"，而另一方选择无奈的"妥协"，那么，谈判就不是一项重要的法律职业技能了。与其分割"蛋糕"，不如合作将"蛋糕"做大，这就是合作性谈判追求的目标。

二、谈判的技巧

（一）以"阳谋"为主

我们在理解谈判的含义时，最容易出现的一个误区，就是认为谈判是斗心眼，讲机谋，是一连串尔虞我诈的过程，谈判是双方都自愿进行的欺骗形式。确实，在人类社会很多谈判，甚至重大谈判的过程中，一方欺骗另一方的例子并不罕见。但是从律师谈判的目的，是要与客户建立委托代理关系这一专业特征来看，谈判受到律师行业全部律师执业道德和律师纪律的约束。律师职业要求律师对客户负责以及律师职业是一个诚信行业的特点，要求律师谈判的基本原则是以"阳谋"为主。具体表现为：

第一，对客户负责的原则。对客户负责是谈判人员提供法律服务的最高准则。谈判人员一旦和客户建立了委托代理关系，就要严格受到委托代理协议内容的约束以及权利义务关系的约束。这不仅包括了客户的具体委托事项，也包括了法律、法规对律师行业以及律师行业的行规对律师执业的各种规范性规定的约束。谈判人员从接触客户的第一分钟起，就要受对客户负责这一基本准则的约束。

第二，实事求是的原则。谈判人员在谈判中应当向客户实事求是地提供法律咨询，解答客户提出的问题。在向客户介绍自己的时候，应当本着实事求是的原则，谈判人员向客户分析委托事项的风险以及预测案件的前景时，应当本着实事求是的原则，不应向客户盲目夸大、说假话。更不能拍胸脯、打保票。

第三，与客户进行沟通的原则。谈判的目的是要与客户建立信任关系，而建立信任关系的前提是要与客户进行充分沟通，沟通是信任的前提和基础，谈判人员在谈判中要充分注意与客户的沟通，不仅包括法律知识的沟通，也包括思想和感情方面的沟通。沟通的原则，包括理解、倾听、引导和交流。

第四，防范风险的原则。在谈判过程中一定要有高度的风险意识，讲话要有依据，介绍情况要实事求是，对案件分析要以证据、法律事实和法律关系为基础，不能讲不负责任的话、夸大其词的话，更不能为了迎合客户心态，随意做出没有根据的承诺和分析。

第五，建立信任关系的原则。建立信任关系是形成委托代理关系的前提和基础。通常，人与人之间建立信任关系需要一个长期的了解过程。但是，大部分委托事项都是在很短的时间内形成信任关系的。所以谈判的一个重要原则，就是利用谈判的每一分钟，利用谈判人员在谈判过程中向客户传达的每一个信息，在最短的时间内取得客户信任，与客户建立信任关系。

（二）谈判前的准备工作

我们都知道成功的谈判取决于充分的准备，尤其是重要的谈判，事先一定要做准备。即便是突发的谈判，也应当在进入谈判之前，尽可能在头脑中迅速捕捉、整理和运用各种可供谈判准备的信息。

1. 客户背景资料

了解客户的背景资料。尽可能充分了解客户背景的必要性在于：第一，使客户有受到重视的感觉，从而产生亲和力、消除距离感。第二，基于对客户的了解，可以在谈判中更容易了解客户的需求，在最短的时间内抓住客户的心理和客户的需求。第三，在为客户提出解决方案时，可以使这种方案更符合客户的实际情况，也使谈判人员提出的解决方案更容易为客户所接受。

2. 关于谈判内容的资料准备

如果我们事先了解到客户所需要解决的问题和可能的委托事务的内容，并就这些内容准备相关资料，包括法律、判例、业绩等，初步拟出解决问题的方案，就能使我们在谈判中显得胸有成竹，同时，可以根据谈判中客户提出的各种信息，对已经准备的谈判方案迅速进行修正，从而为客户提供更好的解决方案，这有利于取得客户的信任。

3. 谈判人员组合

谈判人员的组合，主要是根据客户可能委托事项的内容，以及客户的要求，合理配置诊所各项资源，尽可能使参加谈判的人员包括符合客户需要的相关专业人才。通过谈判人员的组合，使客户不仅感觉到诊所对客户的高度重视，还能感觉到谈判人员的雄厚专业实力，从而能够比较顺利地建立沟通和信任关系。

（三）掌握客户的真正需求

当我们和客户谈判的时候，应当充分意识到，客户遇到的问题可能是平生第一次遇到的问题；客户对法律知识知之甚少甚至茫然无知；客户在如何解决自己遇到的问题方面，处于一种茫然和无助的状态。因此，他往往并不知道自己所要达到的真正目的是什么。在谈判中，迅速了解客户的真实目的，是正确找到谈判的切入点，迅速与客户沟通和建立信任关系的关键一步。在实践中，客户对自己的内心需求有很多种具体情况：第一，客户明确了解自己的内心需求，但是，客户并不会直接说出自己的内心需求，而是通过分析谈判人员提出的解决问题的方案是否符合其目的，来判断其是否是符合自己需要的；第二，客户并没有真正意识到自己的内心需求，也就是解决纠纷的目的，只是带着问题向谈判人员请教，希望谈判人员提供问题的解决方案；第三，客户开始形成的内心需求并不真正符合客户的根本利益和长远利益，谈判人员有责任引导客户分析调整自己的内心需求，使之最大限度地符合自己的利益。

三、谈判的重点

做事抓重点，谈话讲重点，在谈判中也一定要控制重点，控制谈判重点是谈判进程中非常重要的，也非常必要的。

重复和聆听是控制谈判重点的两大技巧。人们对于重复和聆听普遍不重视，然而，在谈判中需要控制谈话保持正题的时候，就会显示出它们的重要性。

在谈判中由于谈判者的情绪与意外事件的发生，谈判者往往会忘记谈判的最终目的，重复在此时能发挥控制局面的作用，而且是非常有效的方法。重复可以起到提醒的作用，其结果是让提醒者和被提醒者都会时刻注意谈判的最终目的。

成功的重复要求巧妙重复，而不是机械重复。重复的点应该巧妙地贯穿于整个谈判。重复不仅是强调和加强谈判的目的，而且还可以作为向对方施压的方式，更为重要的是重复非常利于在个整个谈判中提高对手的不确定性。

好的聆听习惯的养成，可以帮助聆听者侦察出相关信息，并能直面谈判的重点。聆听不是无原则的，如果被聆听的谈判者偏离谈判的主题和重点，聆听者可插话或以提问的方式，防止谈判的重点转移到非重点，使谈判离题万里，既耗费精力，又使谈判旷日持久。

不论是重复还是聆听，其目的都是使谈判围绕主题和重点，而不是偏离谈判主题和重点。只有控制谈判重点，谈判才能有效地顺利进行，最终实现谈判目的。

第三节　谈判训练

一、谈判方案制定

（一）谈判素材

乌仁工伤赔偿案

乌仁，30 岁，女，蒙古族，内蒙古自治区某市人。2008 年与某市宾馆签订了劳动合同，进入宾馆做服务员，每月 700 元，宾馆在上岗前并未对其进行培训。2009 年 6 月 3 日，乌仁在将撤换的被单放入洗衣机里清洗时，手被卷入机器中致伤，后截肢。乌仁找到单位要求赔偿，单位认为是其个人没有按照安全规程操作，不同意承担责任。

（二）训练项目

1. 谈判计划书的制定

将诊所学生分为两部分，分别作为代表当事人和某宾馆的律师。然后，以两人为一组，分别在阅读谈判素材之后，请学生围绕下列几个问题进行思考和讨论：

（1）我方谈判的有利条件是什么？

（2）我方谈判的不利条件是什么？

（3）谈判地点的选择，是直接在某宾馆进行谈判，还是选择其他地点？

（4）两位同学之间是否进行分工？如何分工？采用哪种分工模式？

（5）谈判的方式如何选择？

2. 谈判计划书的书写

请各小组同学书写一份谈判计划书，计划书包括以下内容。

谈判计划书
谈判主题
谈判人员
谈判背景介绍
谈判地点优劣分析
谈判方案： 1. 实现目标的可能性分析 2. 谈判方式的选定 3. 谈判的主要事项、次要事项 4. 其他应注意的问题
谈判程序： 1. 以何种方式开始谈判，理由是什么 2. 直接进入谈判主题还是逐步进入，分别分析优劣
谈判突破底线的可能性分析
谈判突破底线后的替代性解决方案： 1. 有无替代性解决方案 2. 如果有的话，是何种方案

3. 谈判计划书的评价

作为双方谈判代表的各小组，分别在内部互相交换谈判计划书，由各小组对谈判计划书进行点评，说明计划书制订的优点和缺点。

二、模拟谈判

代表双方当事人进行谈判的各小组，分别一对一地进行谈判。在谈判完毕后，填写谈判评价表。

谈判评价表

1. 谈判是否按预先计划进行？
如果未能按计划进行，原因是什么？

2. 小组分工合作效果如何？
效果很好，原因是什么？
如果效果不好，原因是什么？

3. 对方都使用了哪些谈判方式？
你认为对方所使用的谈判方式是否都有效？

4. 是否在谈判中出现了威胁性话语？
你认为这种威胁性话语是否有效？

5. 谈判在何处陷入僵局？
原因是什么？
如何打破僵局？

6. 哪些因素或者安排对谈判起到了有力的推进作用？
哪些因素或者安排对谈判进程没有起到实际效果？

7. 谈判中是否做出了让步？
分析原因
让步、妥协在整个谈判中起了什么作用？

8. 谈判协议的不足之处：
哪些条款规定不尽完善？哪些条款未能出现在协议中？

9. 如果你认为所进行的谈判是解决问题的谈判模式，那么，你认为哪些方面体现出这一谈判的优势或者有效性？

三、纠纷型谈判训练

出现纠纷后，双方围绕纠纷的解决所进行的谈判不同于一般意义上的商务合作或合作性谈判。

（一）谈判素材

林女士离婚案

崔先生与林女士于 2000 年结婚，2003 年林女士生育了一对双胞胎女儿，此后就一直在家做全职太太。崔先生出国深造，回国后在一家跨国公司中国事业部任职，年薪达百万元。崔先生在婚前购买了一套房屋，两人婚后又购买了两套房屋。三套房屋都登记在崔先生名下，崔先生名下还有奥迪轿车一辆，婚后购买，并有存款 100 万元。在工作中，崔先生结识了赵小姐，崔先生认为赵小姐年轻有活力，两人日久生情，崔先生出资为赵小姐购买了一套房屋，登记在赵小姐名下。崔先生向林女士提出离婚，欲与赵小姐结婚。林女士不同意离婚。现在尚未进入诉讼。崔先生同意孩子归林女士，但不同意分割财产给林女士，只同意按每月 2000 元标准支付孩子抚养费（一个孩子 1000 元）。

（二）谈判训练

对崔先生、林女士、赵小姐、林女士律师进行角色扮演，模拟谈判。

纠纷争议点有两个：①是否离婚？②若林女士同意离婚，子女抚养以及财产分割如何解决？

训练要求如下：

第一，律师代表林女士与崔先生谈判。写一篇致崔先生的函。

第二，律师代表林女士与赵小姐谈判。写一篇致赵小姐的函。

第三，律师与同事及林女士一起对谈判结果进行评价分析，研究对策。

第四，分组进行，各个角色必须有至少一人选择。

第五，谈判目标有两个：①根据林女士的意愿，先进行双方不离婚的谈判；②上述谈判不成功，林女士同意离婚，对子女抚养和财产分割进行谈判。

第六章
调　解

第一节　调解概述

当前，我国正处于社会发展的重要战略机遇期和社会矛盾的凸显期，社会矛盾呈现多样化、多发化和复杂化的特点。这就要求建立和完善多元的纠纷解决机制，以有效预防和化解各种社会矛盾纠纷。在当代中国，发展调解制度是建立和完善多元纠纷解决机制的重要一环，对于践行党的群众路线、创新基层社会治理、构建和谐社会均具有极为重要的理论价值和实践意义。

一、概念及特征

调解是指双方或多方当事人就争议的实体权利、义务，在人民法院、人民调解委员会及其他有关组织主持下，自愿进行协商，通过教育疏导，促成各方达成协议、解决纠纷的办法。在我国，有四种不同性质的调解：①法院调解，即在人民法院主持下进行的调解。②行政调解，即在国家行政机关主持下进行的调解。③仲裁庭调解，即在仲裁庭主持下进行的调解。④群众（人民）调解，即在人民调解委员会主持下进行的调解。不同类型的调解其特征也不尽相同，具体如下：

（一）人民调解及其特征

人民调解是在社会主义国家人民民主专政的条件下，经人民群众选举或接受聘任的调解员，依据国家的法律、法规、政策和社会公德，调解人民内部矛盾的民间纠纷的活动。其特点是：第一，人民性。人民调解主要针对的是人民群众之间的纷争，往往见诸厂矿、企业、社区以及农村牧区等群众生活工作的具体场所。其目的就是增强人民内部团结，维护社会稳定，实现群众自治。第二，民主性。人民调解坚持平等自愿的原则，不强行调解；调解运用说服教育、耐心疏导、民主讨论、协商的方法。第三，自愿性。人民调解必须在双方当事人自愿的基础上进行。第四，较强的道德约束性。人民调解扎根于群众生活中，调解虽然依据政策、法律，但主要还是依据一般生活准则和道德标准。除达成不违背政策和法律强制性规定的书面调解协议外，人民调解一般不具有法律效力，但通常具有一定的约束力，能够在民间起到定分止争的社会效果，具有较强的道德约束性。

（二）法院调解及其特征

法院调解又称为诉讼调解，是指在民事诉讼、刑事附带民事诉讼或者行政赔偿诉讼中，人民法院根据自愿、合法原则，主持双方当事人就争议的民事权益进行协商，达成调解协议从而使诉讼程序终结或没有达成调解协议从而使诉讼进入下一程序的活动。① 其特点是：第一，调解的自愿性。自愿性作为法院调解制度最本质、最基本的属性，能够使其与判决及仲裁裁决相区别。自愿性特点包括两个方面的内容，即在调解程序的启动上应当由当事人自愿选择；对于达成调解协议与否以及达成什么样的调解内容都由双方当事人自愿协商。第二，调解内容的开放性。与判决相比，调解是一种更具开放性的争议解决方式。审理总是围绕争议事实展开，调解则不同，有些情况下当事人虽然是将相对确定的纠纷交由法院解决，但在进入调解程序后，是允许当事人提出新的事实的，这些事实往往是当事人间引发纠纷的根源所在，在调解解决纠纷过程中提出，更有利于当事人间争议的解决。第三，调解结果的灵活性与多样性。调解协议的产生是当事人双方互相协商的结果，是建立在双方自愿的基础之上的。只要调解协议不违反法律的禁止性规定，没有损害国家利益、社会公共利益，第三人的合法利益也没有因此而受到侵害，在经过法院认可后调解协议就具有合法性，并不需要按照实体法的规定形成。这种灵活多样的特点是由调解制度的开放性所衍生而来的，它可以把当事人之间的争议解决放眼于将来的长远利益。第四，纠纷解决的彻底性。法院调解能够创造一个更加和谐、信任、宽松的氛围，有利于促使双方当事人友好协

---

① 聂松. 法院调解制度的特点及原则，http：//sqsxfy. chinacourt. org/public/detail. php？ id＝721.

商、互谅互让，从而达成妥协，有效地降低了诉讼的对抗性。双方当事人通过法院建立的平等对话环境，可以用协商的方式消除之间的相互不信任或者攻击。法官也会在调解过程中运用合情合理且相对缓和的方式引导双方当事人进行缓和的对话，从而尽可能地使诉讼得到和平解决，使已经破裂的社会关系得到最大限度的恢复。

（三）仲裁庭调解及其特征

仲裁庭调解是指在仲裁程序中，根据双方当事人的申请或者仲裁庭的自行决定，在仲裁庭的主持下，双方当事人就争议的实体权利、义务自愿协商，达成协议，解决双方争议案件的活动及方式。仲裁中的调解具有双重含义：一是调解是一种仲裁活动，即在仲裁庭的主持下，双方当事人就其争议的实体权利、义务进行协商的活动，经过仲裁庭的调解后，双方当事人可能达成调解协议从而解决争议案件，也可能调解不成。二是调解是一种解决争议案件的方式，即当事人在仲裁庭的主持下，达成调解协议，并依据该调解协议作出调解书或者裁决书后，该争议就得到了终局的处理。

（四）行政调解及其特征

行政调解，是指行政机关（包括法律法规授权具有管理公共事务职能的组织）在法定职权范围内，以法律、法规、规章和政策为依据，以不损害国家利益、公共利益和他人合法权益为前提，以当事人自愿为基础，通过对争议各方的说服和劝导，促进各方当事人达成一致协议，从而化解矛盾纠纷的活动。行政调解的特点是：第一，行政调解的主体法定，职权法定，越权无效。哪些矛盾纠纷可以调解，由哪个机关调解，应循法律法规规定。第二，行政调解的依据是法律、法规、规章和政策。法治是治理国家的基本方略，是构建和谐社会的根本保障，是化解矛盾纠纷的根本手段。调解纠纷应当法、理、情并用，但不得突破政策法律底线。第三，调解结案的基础是当事人自愿，前提是不损害国家利益、公共利益和他人合法权益。是否调解，是否达成调解协议，尊重当事人的意思自治，行政机关不得对其施加任何强制。对于不能调解结案的矛盾纠纷，必须充分保护当事人依法提起诉讼、申请行政复议、提起仲裁等权利。第四，调解的目的是定分止争、息诉罢访和促进和谐。

二、调解的模式

（一）辅助型调解

在该调解模式下，调解员控制整个调解过程，协助当事人双方找到共同利益，在此基础上达成协议。调解员提出相关问题、归纳当事人观点、挖掘当事人主张背后的利益、帮助当事人提出并分析解决方案。他们不就调解结果向当事人建言献策，也不对法院判决结果进行预测。辅助型调解的目的是避免立场之争，在当事人潜在的需要和利益层面上而不是在严格的法律权利层面上为当事人进行沟通。调解员控制调解过程，当事人主导调解结果。辅助型调解员要确保当事人在信息对称、相互理解的基础上最终达成调解协议。他们主要召集由各方当事人全体出席的联席会商，以便双方能够倾听彼此的观点与看法，同时也会经常采用私谈的方法。辅助型调解员希望由当事人本人而非其代理律师主导最终调解结果。

（二）评估型调解

该调解模式是参照法官主持召开和解会议的模式发展起来的，通过向当事双方指明案件弱点，预测法院或陪审团判决结果来协助他们达成和解。评估型调解员可以就调解结果向当事人提出正式或非正式建议。他们更加关注当事人的法律权利而非其利益和需求。他们根据公正的法律理念对案件进行评估。评估型调解员通常采取分别会见当事人及其代理律师的方式，帮助他们评估法律立场，比较调解结果与诉讼结果的利弊。评估型调解员控制着调解过程，并直接影响调解结果。评估型调解通常出现在法院强制的调解或者委派的调解中。当事人在多数情况下会出席调解会议，调解员也可以与代理律师单独会面。评估型调解员通常需要具备争议领域相关的专业知识或法律知识。由于评估型调解与法院之间的密切关系以及与和解会议的相似度，大部分评估型调解员均为律师。

（三）转化型调解

转化型调解基于以下两种基本理念：赋予当事人最大限度权利的"授权"理念和一方当事人对另一方当事人的需求、利益、价值和观点加以承认的"认可"理念。转化型调解的潜能就在于各方当事人之间的关系可以在调解过程中得以转变和改善。转化型调解员需要同时会见各方当事人，因为只有这样双方当事人才能有机会彼此认可。转化型调解与早期的辅助型调解在某些理念上有相似之处，如向当事人"授权"的思想和使当事人"转化"的思想。早期的辅助型调解员希望通过这种"和为贵"的方式达到改造社会关系的目的，事实证明他们最终做到了。现代的转化型调解员也试图通过支持当事人主导调解方向来实现相同的目标。在转化型调解下，当事人控制调解过程并主导调解结果，调解员仅起到辅助作用。

三、调解员必备的能力

在当前社会矛盾纠纷日趋多元化、多样化和复杂化的新形势下，调解工作对调解员的素质和能力提出了新的、更高的要求，调解员至少要具备以下几种能力：

（一）要有正确的思想意识

调解员必须具备较高的思想政治素质，要把"调解为民"的思想贯穿于调解始终。调解工作的好坏直接影响着人民生活和社会安定。调解员只有具备较高的思想认识，才能准确地把握矛盾，选择正确的解决方式，有效地化解纠纷。调解员在调解过程要体现服务的理念，让纠纷当事人感受到援助或帮助，从而得到当事人的尊重和信任。

（二）要有以法律为核心的知识结构

调解员应当及时优化自身的知识结构，只有这样才能适应调解工作发展的新趋势。纠纷往往涉及社会生活的方方面面，民法、婚姻继承收养、劳动、保险、合同、担保、侵权等法律制度，都是调解员应学习掌握的知识。此外调解工作的对象是人，如果能根据当事人的认识以理服人，根据当事人的情绪态度以情感人，根据当事人的行为心理以行导人，必然能够彻底解决问题。

（三）要有良好沟通协调能力

首先，调解员应具备一定的语言表达能力，尽量以贴近生活和当事人的"民间化"的方式表达思想，要避免因言辞不当、表意失当导致调解失败。这就要求调解员在调解过程中要"会讲话"，既要使调解语言符合法律，又要使其具有很强的亲和力、感染力，以增强当事人对调解员的信任感和认同感。其次，调解员应具备较强的沟通、协调能力。调解员在调解时，一定要做到公正、公平，把问题讲清楚，把调解方案完整地放在双方当事人的面前。在出现不确定情况时，要有一定的驾驭局面的能力和协调能力。调解员还应通过倾听、观察和交流，预见纠纷当事人对调解的心理反应和接受能力，适时发表调解意见。再次，调解员应有敏锐的洞察力，全面分析问题、调查研究和总结归纳的能力，熟练运用专业知识解决新情况、新问题的能力。最后，调解员还必须具有丰富的社会经验和人生阅历。民间纠纷的内容涉及社会生活的各个领域，产生纠纷的原因十分复杂，当事人的个性也是千差万别。调解员只有具备一定的社会经验和人生阅历，才能对纠纷产生的原因、当事人的心理活动进行分析，并根据当事人的不同心理特点进行调解，如果缺乏必要的社会经验，则很难胜任此项工作。

（四）要有充足的心理抗压能力

有些矛盾的解决需要耗费很多精力和大量的时间，因此调解员就要有足够的耐心，积极去排除各种干扰、困难。在纠纷调解过程中，调解人员往往会遇到各种困难和挫折，要时刻保持冷静的头脑和平静的心态，以理智的态度疏导当事人不理智的行为，避免卷入当事人的纠纷中去。调解员也要对自己的心理活动进行自觉调控，才能做好这项工作。

第二节　调解的实施

一、调解的原则

调解的原则是指调解主体在进行调解时应遵循的行为准则。根据《人民调解法》第三条、《民事诉讼法》第九十三条以及《仲裁法》第五十一条的规定，调解应当遵循以下原则：

（一）当事人自愿原则

当事人自愿原则是指调解活动以及调解协议的达成都要建立在当事人自愿的

基础上。该项原则的具体要求是：首先在程序上，是否以调解的方式解决纠纷，须当事人自愿；其次在实体上，是否达成调解协议，须尊重当事人的意愿。

（二）合理合法原则

合法原则是指调解在程序上要遵循法律程序，形成的调解协议不可违反国家的法律规定的原则。该项原则的具体要求是：第一，进行调解活动，程序上要合法。当事人不愿进行调解或不愿继续进行调解的，不应强迫当事人进行调解。第二，调解协议内容应当不违反国家的法律规定。调解协议的合法是指调解协议的内容不违反法律，而不要求调解协议的内容要完全符合法律。关于诉讼程序中的调解原则有以下几方面含义：①在民事诉讼整个过程中，人民法院都可以主持调解，包括一审普通程序、一审简易程序、二审程序、再审程序；但特别程序、督促程序、公示催告程序、破产还债程序的案件，以及婚姻关系、身份关系确认案件等案件不得适用调解。执行案件，执行中只有执行和解。②人民法院主持调解，应当遵循自愿和合法的原则。③调解是解决民事案件的方式之一，若调解未能达成协议，人民法院应及时判决，不应久调不决。

（三）灵活性原则

调解灵活性原则是指调解不受诉讼当事人、诉讼程序、诉讼请求限制，也不严格遵照实体法权利义务分配的限制，既可以使调解人审时度势地引导当事人达成调解协议，又可以使调解结果照顾到双方当事人的长远利益，并使纠纷获得更加切合实际的解决。当然，调解灵活性原则与调解合法原则是一脉相承的，调解合法原则仅意味着调解协议不得违反法律中的禁止性规定，在这一前提下，调解程序肯定比诉讼程序简便灵活，当事人达成的调解协议也可以不依据实体法的具体规定，这为调解灵活性提供了足够的空间。本书认为，调解灵活性原则对调解实践最大的启发，就在于调解对双方权利义务可以在不违背法律基本精神的基础上进行灵活安排。

（四）调解保密原则

调解过程不公开，但双方当事人要求或者同意公开调解的除外。需要注意的是，长期以来，以往的相关规定和调解实践往往将调解等同于审理，公开为原则，不公开为例外。而调解的民事案件，不一定都符合法律不公开审理的情形，但案件往往会涉及一些当事人不愿公开或不想让别人知道的事情，若强行让当事人公开调解的过程，当事人思想上会产生顾虑，这是不利于调解的。根据相关法律规定，法院在调解中，当事人申请不公开进行调解的，人民法院应当准许。该规定较符合不公开审理情形的调解才能不公开的规则而言，更为接近调解保密原则的要求，它将调解不公开的决定权交给了当事人。这遵从了调解保密性原则，既是程序正当性的要求，也是对当事人意愿的尊重。

调解人员对调解过程中获取的当事人信息有保密义务。保密原则一方面要求调解人员不得把这些信息告知委托其调解的法院或作为法院判决中的依据，另一方面也要求调解人员不得把这些信息泄露给其他人。

当然，保密原则也不意味着调解人员在调解中获知的情况一律不得告知法院。《最高人民法院关于建立健全诉讼与非诉讼相衔接的矛盾纠纷解决机制的若干意见》第十八条规定，在调解过程中当事人有隐瞒重要事实、提供虚假情况或者故意拖延时间等行为的，调解员可以给予警告或者终止调解，并将有关情况报告委派或委托的人民法院。

（五）中立原则

调解的中立，一方面要求调解员在调解纠纷的过程中，不能有个人的利益牵涉其中，一旦发现自己或者亲属与当事人的纠纷存在利害关系，应当主动回避；另一方面，调解员应当恪守第三人的角色，不能在心理上或者行动上偏向争议的任何一方。

二、调解的流程

不同性质的调解，具体操作的流程可能不同。但调解工作大致按以下流程进行。

（一）纠纷受理和审查

1. 纠纷受理

纠纷的受理主要有以下三种情况：①民间纠纷的受理，由纠纷当事人所在地（所在单位）或者纠纷发生地的人民调解委员会受理。复杂、疑难和跨地区、跨单位的民间纠纷一般是由乡镇（街道办事处）人民调解委员会受理，或者是由几个相关的人民调解委员会共同受理，共同调解。②法院调解和仲裁委调解等其他调解方式分别按照人民法院和仲裁委立案管辖的原则进行受理。③受理方式包括根据纠纷当事人的申请受理调解或者调解组织主动调解。法院调解和仲裁委调解等则只能依申请而受理。

2. 纠纷审查

人民调解委员会受理案件应当符合以下条件：①有明确的被申请调解人；②有具体的调解要求（申请人所要解决的问题和达到的目的）；③有提出调解申请的事实依据；④属于发生在公民与公民之间、公民与法人和其他社会组织之间涉及民事权利义务争议的各种纠纷。法院对于民事诉讼的立案条件就是《民事诉讼法》第一百一十九条的规定。即与本案有关、明确的被告、具体的诉讼请求、属于法院管辖范围。仲裁委员会受理案件的条件，根据《仲裁法》第二十一条的规定，当事人申请仲裁应当符合下列条件：①存在有效的仲裁协议；②有具体的仲裁请求、事实和理由；③属于仲裁委员会的受理范围。

（二）按照一定程序进行登记

对于不受理的纠纷，应当在登记后注明移交的机关和人员，作为矛盾纠纷发生情况和信息资源及移交的手续。受理和调解结束以后，应当根据调解工作的具体情况，制作书面调解协议以及其他调解文书。

（三）调解前的必要的准备

一是指定调解主持人及其他参与人，确定调解的时间和地点。纠纷当事人对调解主持人提出回避要求的，应当按照法定程序处理。二是调查核实纠纷情况。应当分别向双方当事人询问纠纷的事实和情节，了解双方的要求和理由，根据需要向有关方面调查核实，进行实地勘查。三是拟定调解方案。包括调解所要达到的目的；可行性方法和技巧；处理可能出现的问题和对策等。

（四）调解主要步骤

1. 权利义务告知

调解主持人以书面或口头方式告知当事人人民调解的性质、原则和效力，以及当事人在整个调解活动中享有的权利和承担的义务。

2. 双方当事人陈述

调解主持人要在当事人陈述过程中进一步查明事实，分清双方的责任。对于个别当事人在陈述过程中故意歪曲事实、无礼纠缠的，调解人员应当及时予以制止和纠正。

3. 依法进行调解

在听取当事人陈述后，调解人员要结合所掌握的证据材料帮助当事人分清是非，明确责任、法律法规和政策，耐心开展细致的说服疏导工作，帮助他们统一认识，消除对立情绪。在调解过程中，应当做好调解笔录。调解笔录应当客观、真实、简练、整洁。笔录经当事人校阅或者向当事人宣读后，由当事人、参加人、调解人、记录人签名。

4. 依法达成调解协议

达成调解协议的方式，可以由调解主持人提出调解意见，当事人各方认可；也可以由当事人自行约定。有民事权利义务内容的，或者当事人要求制作书面调解协议的，应当按照规定的格式制作调解协议书，并由当事人、调解主持人签名或者盖章，同时加盖印章。

（五）督促或强制协议的履行

人民调解委员会应当对调解协议的履行情况适时进行回访，并就履行情况做出记录。对于一方当事人不履行人民法院或者仲裁委调解协议的，守约方可以申请人民法院予以强制执行。

第三节　　调解的训练

一、训练素材

2008 年 12 月，刘先生与内蒙古胜利房地产有限责任公司签订《商品房认购协议》。协议约定：刘先生购买内蒙古胜利房地产公司开发的 loft 酒店式公寓房一套，价款总计 387156 元。胜利公司于 2009 年 12 月之前交付房屋，交房后买方委托出卖方出租房屋一年，租金 46000 元折抵购房款。协议签订后，刘先生分两次交付购房款 341156 元。时至 2016 年 8 月，胜利公司仍未交付房屋，刘先生依照协议仲裁条款的约定，向呼和浩特仲裁委员会递交仲裁申请，请求被申请人胜利公司与其签订商品房买卖合同和交付房屋，并支付由于逾期交付房屋产生的违约金 38000 元。被申请人胜利公司在答辩中称，不是被申请人不交付房屋，而是申请人刘先生认为物业费太高拒绝接收房屋，为此胜利公司还两次登报声明要求购房人及时办理房屋交付手续，但申请人始终未予办理。被申请人当庭提出反诉申请，要求申请人支付 46000 元购房余款。呼和浩特仲裁委员会受理该案后，开始着手调解。

二、调解训练的程序

（一）训练准备

第一，将学生分为三部分，一部分扮演申请人刘先生，另一部分扮演被申请人胜利房地产有限责任公司，还有一部分扮演仲裁员。

第二，仲裁员小组要拟定调解提纲，申请人小组和被申请人小组要拟定调解方案，确定自己的调解目标。

（二）调解的开始

所有人员到齐后，仲裁员介绍相关情况，顺序如下：

（1）自我介绍，在场人员介绍，核对姓名、本案中的地位等。

（2）说明仲裁员的职责，如能够帮助当事人作出正确决定等。

（3）说明调解的特性，说明选择调解的优劣。

（4）向当事人说明调解应当遵循的原则。

（5）说明调解的程序，以便调解员按照程序推进调解进程。

（6）说明调解协议的形式和效力。

（7）当事人的权利和义务。

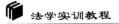

（三）当事人陈述

由仲裁员组织双方当事人分别就纠纷事实进行陈述。其目的是，对于仲裁员而言，通过当事人陈述可以全面了解争议事实的全貌，了解当事人的立场；对于当事人而言，通过倾听对方当事人的陈述了解其对纠纷事实的看法。

1. 确定发言顺序

在确定哪一方当事人先发言时，应当征求当事人的意见，并告知发言的顺序不是固定不变的，顺序可以随时调换。第一轮中申请人先发言，第二轮中就可以由被申请人先发言。如果当事人之间不能确定谁先发言，可以由调解员根据当时的情况决定。

2. 聆听总结陈述

仲裁员在倾听当事人陈述时，可以适时记录一些重点内容，也可以通过与发言人的目光接触等方式确保陈述一方意识到仲裁员在认真听其发言，让其感受到对他的尊重。在聆听过程中，仲裁员应当保持中立，特别是在总结当事人陈述时，用语要适当，应当体现出自己是在总结当事人的观点，而不是在表述自己的观点，因此，使用"我认为"、"我觉得"、"我想"等这样的用语就不恰当。在一方当事人陈述后，仲裁员对其陈述内容进行总结，必要时可以向其发问，当事人也可以补充。另一方当事人也可以回应或反驳。当事人依次发言，仲裁员依次总结归纳。

3. 争点整理

在当事人陈述之后，仲裁员根据聆听和总结归纳的内容，对双方争议的焦点进行整理和总结，以便调解能够集中解决当事人最为关切的问题。

4. 争点解决

在调解员的帮助下双方当事人理清了纠纷中的争议焦点，这就为争议焦点的调解建立了对话的基础。

（1）逐一解决争点。如果当事人争议的焦点不止一个，仲裁员可以引导当事人逐一进行解决。这一阶段中，双方当事人会有较多沟通，分别就某一争点问题直接向对方陈述自己的看法或者解决建议，然后由另一方当事人回应。如此循环，直到解决了调解员记录清单上的全部争点问题为止。

（2）引导当事人的情绪。经过事实陈述阶段后，当事人情绪可能相对稳定，但不排除出现情绪激动的情况。在这一阶段，仲裁员除了聆听大多数人发言外，还需要特别注意当事人的言行举止，避免发生一方或者双方当事人言行过激的行为，以有效控制调解的进程。

（3）适时举行单方会谈。调解中，双方当事人坐在一起，就争议问题相互讨论，进而达成共识，顺利解决争议是调解的最佳模式，但当一方或者双方当事人都不让步，调解陷入僵局后，仲裁员应当适时安排单方会谈。仲裁员分别与一方当事人单独交流，阐明利害关系，分清责任。

5. 达成协议

在这一阶段，仲裁员让双方当事人就最终需要解决的问题清单分别提出自己的解决方案，并告知这些方案在达成协议之前没有优劣之分，鼓励当事人提出自己的方案以备选择。在方案提出后，仲裁员需协助当事人对方案逐一分析其可行性。选出解决方案后，仲裁员应与双方当事人一起就方案的细节进行讨论和完善，并协助当事人拟定调解协议。

第二编　法律论辩

第七章
法律论辩的基本理论

第一节　论辩概述

一、论辩的含义

"论辩"一词，由来已久，早在春秋战国时期，论辩就成为诸子百家传播其主张、观点和思想的主要手段。

在我国古代，论辩被称为"辩"，"辩"的推论被称为"论"，关于"辩"或者"论"的研究被称为"辩论"。对于"辩"，《墨子·经上》认为："辩，争彼也；辩胜，当也。"《墨子·经下》中亦指出，"俱无胜，是不辩也。辩也者，或谓之是，或谓之非，当者胜也"。这两段话的大意为辩是是非之争或相非之争，论辩的结果是有道理的一方（当者）获胜，而错误的一方（不当者）为负。由此，申明事理以区分真缪乃论辩之根本，即为论辩的实质。古希腊早期，论辩就已经作为言语交际的一种形式而存在了，被称为"sophistry"，集中体现了当时智者们的逻辑思维和哲学思想，代表人物有芝诺和欧布利德斯。① 到了古希腊中晚期，逐渐形成了论辩的方法论，即辩证法。但此处的辩证法并非哲学上的辩证法，而含有讨论、切磋的意思。至德国古典哲学时期，以黑格尔为代表的客观唯心主义者大力发展了辩证法，形成了关于世界的运动、发展、变化的一般规律的哲学学说。

---

① 杨适. 哲学的童年［M］. 北京：中国社会科学出版社，1987：18.

在东西方社会，论辩虽然在产生的时间、发展的速度以及方法论的形成上存在着明显区别，但其含义却无太大差异，都含有交流观点、普及知识之意。发展至现代，论辩的含义已在上述理解基础上进行了丰富和发展，但其核心意思并未改变。在《现代汉语词典》中，论辩被解释为："彼此用一定的理由来说明自己对事物或问题的见解，揭露对方的矛盾，以便最后得到正确的认识或者共同的意见。"① 而《辞海》将其简单地解释为"论议辩驳"，也含有与他人辩明是非之意。② 相较词典的解释，学者赋予了论辩更为丰富的含义。如有学者认为，"论辩，又称为辩论，是指代表不同思想观点的各方，彼此间利用一定的理由来说明自己的观点是正确的，揭露对方的观点是错误的这样一种语言交锋的过程。简而言之，论辩就是不同思想观点之间的语言交锋"。③ 也有学者认为，"辩论，或称论辩，是指观点对立的双方或者多方，围绕同一辩题运用语言进行针锋相对的论争，力求证明自己的观点正确，指出对方观点的谬误，以达到说服对方的目的"。④ 另有论者指出，"论辩，是指持不同见解的各方以论证和反驳为基本形式，以澄清是非、辨别曲直为基本目的，就同一话题阐述己见、反驳对方观点进行的语言交锋活动"。⑤ 由此可见，论辩是人类社会常见的语言交际活动，为论和辩的统一。论，为论证、论述，即运用一定的事实及理由证明己方观点的正确，意为"立"；辩，为辩解、反驳，即利用一定的依据来说明事实真相，并指出对方观点中的谬误，意为"破"。综合而言，所谓论辩，就是阐述或表达自己的观点，质疑或否定对方的观点，以期求得正确或者错误的结论或者达到一定共识的口头语言活动。⑥

二、论辩的特点

论辩是论证和对抗的过程，是证明某个问题正确合理的过程。论辩的魅力不仅在于辩者丰富精彩的语言表达，更在于辩者激情四射的思想碰撞。语言、思想、精神三者的统一是一切优秀论辩的本质。论辩中，辩者需要做到以理服人，

---

① 参见商务印书馆 2005 年版《现代汉语词典》第五版第 87 页。
② 参见上海辞书出版社 1989 年版《辞海》缩印本第 437 页。
③ 赵传栋. 论辩原理［M］. 上海：复旦大学出版社，1997：2.
④ 欧阳周. 实用辩论口才［M］. 长沙：中南大学出版社，2003：5.
⑤ 秦甫. 律师论辩学［M］. 北京：人民法院出版社，2001：1.
⑥ 许身健. 法律诊所［M］. 北京：中国人民大学出版社，2014：203.

准确、巧妙地阐述自己的观点，明确指出对方的矛盾和漏洞。这一过程，需要辩者具有反应敏捷、思维清晰、推理严密、口齿伶俐、语言得体、风趣幽默等素质。由此，论辩具有以下特点：

（一）对抗性

论辩的对抗性来源于双方观点的对立。当人们就某一问题产生分歧时，就产生了明辨是非对错的需要。论辩双方所持的观点或者为非此即彼，或者相互交叉，这种认识上的矛盾或分歧决定了论辩针锋相对的本质。这种对抗性直接体现在辩者语言上的直接交锋。辩者往往短兵相接、你来我往、唇枪舌剑，批判对方的同时，竭尽全力证明自己的观点，使论辩呈现出一种激烈的对抗状态。

（二）综合性

论辩集道德修养、文化积累、知识结构、逻辑思辨、心理素质、竞争意识、语言艺术、仪态仪表、整体配合为一体，既有逻辑的纷争，又有理论的对抗，更有价值的高下取舍，是综合素质的较量，是口语表达的最高形态。①

（三）逻辑性

逻辑是论辩的生命。论证己方观点以及反驳对方观点都是一个逻辑推理的过程。辩者需要将已知的事实和证据运用逻辑推理进行排列组合，摆事实，讲道理，以达到证明和驳斥的目的。因此，辩论最常用的方法就是逻辑推理，严密的推理具有强大的说服力，而在批驳对方时，能指出对方逻辑上的漏洞比任何否定都要有力、彻底。

（四）策略性

论辩，又称为论战。若要战胜则必应有术，所谓术，即为谋划策略。辩者若想阐明自己观点并让对方信服接受，只是一味地表明观点是不够的，还需要讲究方式方法。排兵布阵，讲究策略，选择合理的进攻角度；设想对方的进攻方向，确定自己的防守方式。同时，需要设计一些方案、问题，出其不意地反攻对方，使对方不得不承认己方观点。

---

① 齐长青．辩论口才训练与实用技巧［M］．北京：海潮出版社，2013：3.

（五）应变性

虽然辩者在论辩前可能进行了充分的准备，总结了自己的观点和立场，也对对方可能提出的问题进行了预设，但我们不可能与对方所思所想完全一致。加之人的思维是活跃的，极易在思想碰撞中出现火花。这就要求辩手应具备广博的知识和随机应变的能力，在应对场上对手突然抛出的问题时能够临场发挥，准确地进行反击。

三、论辩的意义

"一人之辩，重于九鼎之宝；三寸之舌，强于百万雄兵"。战国时期纵横家苏秦凭借三寸不烂之舌游说六国，终于身挂六国帅印，结成抗秦联盟；其同窗好友张仪凭其口舌之才游说六国亲秦；三国时期军事家诸葛亮仰仗旁征博引之口，舌战群儒，促成吴汉联盟。这三个典故讲述了古代著名的辩士凭借自己超乎常人的辩才，力挽狂澜保全九鼎的故事，凸显了论辩之与人沟通，劝人信服的价值与作用。

我国古代思想家墨子曾道："夫辩者，将以明是非之分，审治乱之际，明同异之处，查明实之理。处利害，决嫌疑。"其意为，论辩的意义在于划清是非的界限，探察世道之乱的标准，判断区别事物异同的根据，权衡利害得失，解决存在的疑惑。当然，墨子的这段话只是粗略地概括了论辩的作用。随着论辩逐渐深入到社会生活的各个领域，其对人类的认识和实践活动的促动作用也日益凸显。论辩的作用和意义主要表现在以下几个方面：

（一）辨别是非，阐明真理

随着社会的不断发展，人类的认知领域也不断扩展。而在探索未知领域的过程中，真理与谬误往往同时存在；此外，即便对某一问题达成了共识，但随着时间的推移，人的认识也会随着阅历、知识的增长发生改变，彼时的真理会成为此时的谬误。同时，人们因个人思想、知识水平、认识角度等不同，会对同一事物会产生不同的认识，甚至形成不同的学术、政治派别和思想体系，由此导致人们之间经常产生论辩。

人类社会发展的实践证明，任何真理和科学的形成和发展，任何新的学术见解的确立，都是在不同学派之间的论辩中日臻完善的。从某种意义上说，论辩是促进科学发展、文化繁荣和思想进步的加速器，是新理论、新学说诞生的催化剂。①

（二）加强了解，促进沟通

论辩是人们因为不同见解和观点而引发的言语交锋。通过这种言语交锋，双方之间能够了解彼此的意见、立场、观点甚至思想精髓，可以求同存异，进而达到高层次的心理沟通和思想交流。"人需要和外部世界往来，需要满足这种欲望的手段：食物、异性、书籍、谈话、论辩、活动、消费品和操作对象"。马克思的经典言论精准地诠释了论辩所具有的沟通交流作用。

（三）锻炼思维，培养口才

在信息快速发展和更新的今天，人们的社会交往日益频繁，无论是普通的人际交往还是专业的职场拼搏都需要流畅清晰的思维和良好的语言表达。参与论辩，掌握论辩规律与技巧，是锻炼思维、培养口才的绝佳途径。

在论辩活动中，锻炼思维是被放置在首位的，因为丰富而又深刻的思想是论辩取得成功的基石。首先，论辩可以锻炼思维的准确性。正如法国著名作家福楼拜所言："思想正确是表达正确的先决条件。"简言之，只有思想正确表达才能正确。论辩中最终的取胜，在于辩者对论辩的问题有较为深入的思考，思考得越深入越全面，就越能接近问题的本质，其正确性就越高。其次，论辩可以锻炼思维的完整性。论辩的过程实际是多人讨论的过程，不同的角度、不同的思考方式以及不同的知识水平必定会提出不同的观点和思路，给人以启发，思考也会比较完整全面。最后，论辩可以锻炼思维的敏捷性。论辩，尤其是面对面的论辩，要求辩手在短时间内提出自己的观点，并反驳对手提出的问题。这就要求辩手具有敏捷的思维，在面对对手咄咄逼人的进攻和刁钻疑难的提问时能够迅速反应，予以回答或者反驳。当然，思维的准确性、敏捷性和完整性是论辩取胜的关键，但仅有这些还不够，辩手还需要具备较强的语言表达能力，在表达时清晰流畅、词能达意。相反，无论拥有多么丰富的知识储备，如果无法用精准的语言表达出来，就恰如"茶壶里煮饺子"，结果都是失败。而要具备这些能力，绝非一朝一夕可以达到。只有勤学苦练，循序渐进、坚持不懈，方能厚积薄发。

---

① 杰夫．实用辩论口才一本通［M］．北京：中国纺织出版社，2003：12.

第二节　法律论辩概述

一、法律论辩的含义

法律论辩是指双方当事人及其律师在庭审过程中依据事实和法律对一定的法律命题进行论述和辩驳，以维护自身诉讼权益的口头语言表述过程。① 根据法律论辩存在的空间范围，法律论辩有广义和狭义之分。狭义的法律论辩单指诉讼中的论辩，而广义的法律论辩包括了诉讼、仲裁、行政处罚和行政复议中的论证及辩驳。顾永忠教授认为："法律论辩，是指在诉讼、仲裁以及其他解决法律纠纷的法律活动中，当事人和其他参与人围绕有争议的事实，根据相关法律规定，按照法定程序，通过口头或者书面形式展开的论证和辩驳活动。"② 此即为广义的法律论辩。如无特殊说明，本教材所称的法律论辩为狭义的法律论辩。

就法律论辩的本质而言，其整个过程，实质上就是运用法律规范语言的逻辑推理过程。其与单纯的法律论证有着明显的区别。这种区别主要表现在：一方面，法律论证重在"证"，而法律论辩则是在证的基础上的"辩"，体现了论证和辩驳两个层面。论证，需要运用充分的证据证明自己观点的正确，以及对方观点的错误；辩驳，是在论证的基础上对对方不同的观点和相关依据进行反驳，以进一步论证自己观点的正确性。另一方面，从构成因素上看，一般而言法律论证主要是以书面文字的方式证明某一法律问题或者命题，其主体多为一个，或者由多人组成的一方。而法律论辩主要是对话式的论辩。对话式论辩是指论辩双方就同一话题轮番发表意见，阐述己见、反驳对方所进行的语言交锋活动。③ 整体而言，法律论辩就是运用案件事实与法律规定，千方百计证明自己观点的同时说服对方，更重要的是说明裁判者。显而易见，其主体为多方，包括双方当事人及其委托代理人或者辩护律师。

当然，法律论辩并非只涉及法律知识的论辩。在论辩过程中，辩者在掌握精

---

① 许身健. 法律诊所 [M]. 北京：中国人民大学出版社，2014：203.
② 顾永忠. 法律论辩 [M]. 北京：中国政法大学出版社，2014：1.
③ 肖立梅. 法律论辩训练 [M]. 北京：中国政法大学出版社，2015：11.

深的法律专业知识的基础上，除应当具备日常论辩所需的敏捷清晰的思维能力、沉着快捷的应变能力以及准确流畅的表达能力外，还应当具备广博丰富的非专业知识。精彩的法律论辩往往会以严谨缜密的逻辑思维、无懈可击的论证、文采飞扬的语言以及声情并茂的感召力，唤起人们对法律的尊重以及对抗邪恶势力的勇气。可以说，法律论辩是运用法律学、论辩学、逻辑学的一般原理以及语言学、心理学、社会学等学科的相关知识，研究并分析对方的论辩方法和特点而展开的论证和辩驳活动。就整体而言，法律论辩为对话式论辩，但并非没有文字依托的纯粹的口头辩论。法庭上双方当事人及其代理人的陈词以及辩论，只是双方意见的交换，并为说服裁判者而设。在法庭上的慷慨陈词、高谈阔论，其前提是庭下对案件事实的深入分析和对证据的充分论证，以及对起诉状、答辩状、辩护词、上诉状等文书的精细准备。文书书写属于书面论辩，是法律论辩的重要组成部分，一份高质量的专业文书与富有感召力的语言相比，同样能够打动裁判者。

二、法律论辩的历史发展

一般认为，在古希腊罗马时期就有了法律论辩的雏形。在古希腊，这种论辩的雏形表现为"诡辩家"的诡辩、"保护人"的代言以及"辩护士"的辩护。在古罗马，将专门从事刑事辩护的人称为"阿多克梯斯"，并且以法律的形式对此进行了规定，明确要求法律论辩者必须受过五年的法律教育并经过帝国的许可才能从业。

中世纪的欧洲，由于封建专制、教会统治及国王和教会专权等制度的影响，在司法上形成了世俗法院与宗教法院并存且宗教裁判所占据支配地位的特点。宗教裁判所实行严酷的纠问式诉讼制度，律师制度受到了严重限制，但也得到了有限的发展。在法国，12 世纪以前，司法决斗制度盛行。12 世纪以后，世俗法院随着王权的扩张而日益占据支配地位，"僧侣律师"逐渐被禁止，受过教育并经过注册、宣誓的世俗律师逐渐兴起，司法辩论得到发展，司法决斗最终消亡。英国与法国具有相似性，也经历了世俗法庭与教会法庭并存的历史时期，但在 13 世纪爱德华统治时期，世俗法庭的支配地位开始显现，世俗律师也开始出现。爱德华一世确立了陪审团制度和控辩式诉讼制度的最初形式，为英国建立先进的律师制度奠定了基础。在意大利，由于神权在整个中世纪一直占据绝对的支配地位，世俗法庭和律师制度的发展受到严重阻碍，因此在同期远远落后于英法等国。在神权统治下，意大利实行彻底的宗教裁判所制度，秘密的纠问式诉讼制度

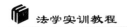

的实行，使被告人只能直面宗教法庭的审判。

在近现代的西方社会，出现了一大批启蒙思想家，如洛克、卢梭、伏尔泰、孟德斯鸠等，他们提出了一系列法治思想和原则，主张以控辩式诉讼取代纠问式诉讼。美国是控辩式诉讼模式最为发达和完善的国家，涌现了许多以法律论辩享誉世界的律师。第二次世界大战以后，西方社会在经历了经济社会和民主政治的快速发展后，控辩式诉讼模式也得到了空前发展。其中美国的发展最为瞩目，其法律论辩受到诉讼程序和证据规则的双重限制，因此律师仅仅具有雄辩之才是远远不够的，还必须熟悉并自如地运用这些规则。由于美国控辩式诉讼模式具有很强的科学性和合理性，其对世界各国包括我国的诉讼制度的发展都有很深的影响。

法律论辩作为一种新的法学理论思想大概出现于 20 世纪 70 年代后，1971 年第五届国际法哲学—社会学协会世界大会在比利时的布鲁塞尔举行，大会的主要议题之一就是法律论辩。1973 年，德国宪法第一审判庭发布一项决议："所有法官的司法裁判必须建立在理性论辩的基础上。"在此之后，法律论辩逐渐成为法学理论研究的一个重要领域，同时也成为法学和人文社会学科进行交流与对话的新的理论平台。①

我国古代虽然也存在着法律论辩现象，但就整个发展历史而言，真正在法律上确立论辩原则的，是在 1996 年《刑事诉讼法》修改之后。2012 年《刑事诉讼法》再次修正之后，其第五十九条规定，证人证言必须在法庭上经公诉人、被害人和被告人、辩护人双方质证并查证属实后，才能作为定案依据。我国的诉讼制度虽然在经过两次改革后，控辩式诉讼制度初具模型，但法律论辩原则并未在法律中明示，因此在实践中即使开庭审理，控辩双方也很难形成真正的论辩交锋。

三、法律论辩的特征

法律论辩作为论辩的一种形式，其自然具有不同于其他论辩的特点。

（一）法律论辩适用于诉讼程序

当然，这是就狭义的法律论辩而言。从广义的角度来说，法律论辩分布于诉讼、仲裁以及其他各种解决纠纷的法律活动中。本教材重点讲述诉讼程序中的法

---

① 张超.试论司法过程中法律论辩的意义［J］.理论界，2008（10）：91－92.

律论辩。这是法律论辩与其他论辩的本质区别。其他论辩根据争论问题的归属领域不同而存在于不同的活动中，如日常辩论存在于日常生活中，决策辩论存在于对重要问题的决策过程中，而专题论辩则需在专门场合针对特定议题进行。当然，并非只要是与法律有关的论辩都是法律论辩，如教师安排学生对近期发生在广东东莞的运钞车安保人员开枪打死一名男子的案件进行讨论，持不同观点的学生之间的辩论就不是法律论辩，因为其并非发生在解决法律纠纷的活动中，因此只能是日常论辩。

（二）法律论辩的主体为当事人及其代理人或辩护人

法律论辩是为解决法律纠纷而进行的，因此，纠纷的双方当事人即为论辩的主体。在民事和行政诉讼中，原被告双方为论辩的当然主体。由于代理制度的广泛采用，诉讼代理人成为诉讼的重要参与人，他们为维护被代理人的利益而展开论辩。刑事诉讼中，"人民法院审判公诉案件，人民检察院应当派员出席法庭支持公诉"。"经审判长许可，公诉人、当事人和辩护人、诉讼代理人可以对证据和案件情况发表意见并且可以相互辩论"。可见，公诉人作为代表公权力行使求刑权的主体，与被追诉的被告人及其辩护人显然处于对立的地位。双方主要围绕罪与非罪、此罪与彼罪、罪轻与罪重以及适用法律等问题进行论辩。

（三）法律论辩的内容为实体问题和程序问题

人民法院受理案件后主要依据事实和法律解决当事人之间的争议或者纠纷，没有争议或者纠纷的发生，就没有诉讼，也就没有必要进行法律论辩。论辩的核心和焦点主要是实体问题，但程序问题同样不可忽视，重实体轻程序的观念与做法已经得到了一定的纠正，因此程序问题也常常成为论辩的核心。如行政诉讼中，被诉行政行为的合法性受到作出行政行为的程序合法性的影响。刑事诉讼中，违反法律规定收集的证据往往不能作为定案证据使用。三类诉讼中，管辖、回避等程序问题一般也会涉及当事人的权益以及程序公正。因此，辩者应当根据相关法律规定，围绕与案件有关的事实、法律和程序问题展开论证和辩驳。

（四）法律论辩的目的就是要公平公正地解决纠纷

就目的而言，法律论辩有别于其他各类论辩，在于明辨案件事实、正确适用法律、合理合法公平公正地解决双方主体的纠纷。诉讼的本质在于公权力依法介入纠纷的解决。在诉讼中，法院居于中间地位，充分听取双方当事人及其代理人或者公诉人与辩护人的意见，依据事实和法律解决争议或者认定被告人是否有罪以及罪轻与罪重。因此，法律论辩的双方不仅要说服对方，更重要的是要说服第三方——法官。

当然，若想取得诉讼的胜利，首先就必须明确法律论辩的目的，而辩题的确立、论据的选择、辩论的展开以及策略的部署，都应当围绕该目的实施。在诉讼中，双方当事人及其代理人你来我往、唇枪舌剑的最直接的目的是说服对方接受自己的观点。但是只做到让对方心悦诚服是远远不够的，还应当让法官接受自己的诉求和主张。因为法官掌握着国家的裁判权，判决或者裁定一旦发生法律效力，将对当事人的权益产生重大影响。在英美法国家，陪审团的理解和接受是非常重要的。在实践中，有的当事人尤其是作为代理人的律师经常会为了辩论而辩论，偏离了法律论辩的宗旨和目的。甚至逞口舌之快，哗众取宠、咄咄逼人，虽然达到了致对方于尴尬境地的效果，但很多时候却适得其反，并未达到使法官或者陪审团充分接受其观点的目的，从而输掉了官司。显然，法律论辩是实现诉讼目的的一种手段，通过双方的论辩，为法官全面地提供案件的事实和依据，能够防止法官偏听偏信、司法专断。

（五）法律论辩的方法是以事实为依据、以法律为准绳

作为法律适用中的基本原则，"以事实为依据，以法律为准绳"同样适用于法律论辩。以事实为依据，是指在法律论辩中，双方当事人及其诉讼代理人、辩护人应当在尊重客观事实的基础上，有效地组织现有证据能够证明的案件事实和法律规定，而不能将观点和论据建立在自己的主观想象甚至是臆测上；以法律为准绳，是指双方当事人及其诉讼代理人、辩护人不仅应当按照法律规定的程序展开法律论辩，而且其所主张的观点和要求都应符合法律法规的规定。具体而言，一方面，论辩应当严格按照法庭调查和法庭辩论的发言顺序有序进行，不能如日常辩论一般随意展开；另一方面，要严格遵守实体法关于权利义务的规定，如民事侵权、犯罪构成以及行政违法的规定。

法律论辩中，以事实为依据、以法律为准绳是相互依存的两个方面，缺一不可。如在刑事诉讼中，如果脱离已经发生的案件事实进行论辩，行为人的行为是否构成犯罪以及构成哪一个犯罪就很难判定，自然就无法正确地适用刑法规范；当然，如果不以法律为依据进行论辩，不仅无法有效地推进诉讼进程，更无法查清案件事实，判明行为的罪与非罪、此罪与彼罪或者罪轻与罪重。由此，以事实为依据与以法律为准绳组成了一个有机的整体，是法律论辩必须遵循的方法。

第三节 法律论辩的要素

作为一种法律活动，法律论辩有其特定的构成要素。法律论辩的要素包括论辩的主体、论辩的客体及论辩的内容三个方面。三个要素相辅相成、缺一不可，使法律论辩形成一个有机整体。

一、法律论辩的主体

法律论辩是一种法律活动，是一种多人围绕事实和法律展开的活动。因此没有主体，法律论辩自然无法进行。主体是法律论辩的第一要素。法律论辩为解决纠纷而展开，因此论辩主体至少有两方，有时甚至存在第三方，如民事诉讼中和行政诉讼中的第三人。如果不存在对立的两方或者三方当事人，法律论辩自然不可能存在。

（一）当事人

当事人，是指以自己的名义参与诉讼，并要求人民法院保护权利或者法律关系，受人民法院裁判约束的自然人、法人或者其他组织。在不同性质的诉讼中，当事人的称谓也有所不同。在民事和行政诉讼中，当事人称为原告、被告、第三人，二审程序中称为上诉人和被上诉人；在刑事诉讼中，当事人则为被告人、被害人、自诉人以及附带民事诉讼原告人和附带民事诉讼被告人。在解决各类纠纷中，为维护自己的合法权益，上述各种不同的当事人之间显然要进行法律论辩。

（二）诉讼代理人和辩护人

诉讼代理人，即接受当事人的委托或者法律援助机构的指派，为当事人的权益而参与诉讼的人；辩护人，特指在刑事诉讼中，接受被告人的委托或者援助机构的指派为被告人辩护的人。这些诉讼代理人或者辩护人为维护当事人的合法权益，在各类诉讼中需要与对方进行法律论辩。

（三）公诉人

公诉机关，即代表国家行使求刑权，要求审判机关追究被告人刑事责任的主体。在我国，行使公诉权的主体只能是检察机关，按照法律规定，检察机关必须派员出庭支持公诉，出庭支持公诉的检察人员即为公诉人。在诉讼中，公诉方总是先于被告人及其辩护人宣读公诉书以及公诉词，引起法律论辩。

需要注意的是，法律论辩主要发生在诉讼中，是为解决各类纠纷而发生的，涉及事实的认定和法律的适用，因此对于法律论辩的主体有严格的要求。在诉讼中，为查清案件事实，正确适用法律，需要有其他主体参与诉讼，辅助法律论辩的展开，但他们不是法律论辩的主体。如审判人员，他们居间主持推动诉讼程序的开展，其中立的地位决定了他们不能参与法律论辩；再如证人、鉴定人、勘验人、翻译人等其他诉讼参与人，也都不是法律论辩的主体，他们参与诉讼并非以维护自己或者当事人的合法权益为直接目的，只是为协助解决法律纠纷。

二、法律论辩的客体

法律论辩的客体，即法律论辩所指向的对象。具体言之，就是论辩各方不同的主张和诉求。

实践中，双方不同的主张和诉求，可能是完全对立的观点，也可能是有分歧的观点。前者如行为的罪与非罪。例如，被称为最牛司考案例题的"借虎杀妻"案中行为人性质的认定。王某因妻子与经纪人出轨，对妻子怀恨在心并打算杀掉她。王某上网搜索杀人方法大全，突然想到不久前某野生动物园老虎伤人致死的事件，再想到此前其与妻子数次在车上吵架，其妻子都有不愿与其同车而下车步行的习惯，且很晚回家（其实是去找经纪人去了）。于是，王某经过深思熟虑，好言相邀其妻子共同去野生动物园游玩。当车子在野生动物园行进过程中，王某看到"禁止下车"的标牌时，停下车故意用语言刺激其妻子，其妻大怒，欲下车步行，但同时也看到了"禁止下车"的标牌，但是王某的妻子认为"禁止下车"和原来读书时教室写着"禁止玩手机"和商场里写着"禁止吸烟"以及社会上标语"禁止乱扔垃圾"一样，于是下车步行，刚走两步，就被正在散步的一对雌雄老虎叼走了。王某看着老虎远去的背影，心中窃喜，胸中压抑多年的恶气总算出掉了。若王某被公诉到法院，罪与非罪显然会成为论辩的焦点问题。当然，民事案件中同样也存在大相径庭的诉求，如"疯狂英语创始人李阳离婚案"，原告李金起诉离婚，称李阳经常对自己实施家庭暴力，双方感情确已破裂，并请求法院判令李阳支付精神抚慰金 5 万元。而李阳不承认自己有家庭暴力行为，反指李金有暴力倾向并对其实施家暴，不同意支付精神抚慰金。上述双方是完全站在对立的角度主张自己的观点，可谓泾渭分明，格格不入，论辩的难度较大。

后者如行为的此罪与彼罪或者罪轻与罪重。如近期引起轰动的贾敬龙故意杀人案。一审被判处死刑的贾敬龙不服判决提起上诉，其辩护律师认为，贾敬龙因强拆而杀人，行为不具有对社会公众的危害性，并具有自首情节，应从宽处理。但公诉人认为案件事实清楚，证据确实充分，定罪准确，量刑适当，一审判决完全正确。显然，本案中控辩双方的观点并不是罪与非罪完全对立，而只是在量刑上轻与重的分歧，论辩的难度较小。

三、法律论辩的内容

法律论辩是双方当事人围绕一定事实和法律进行的法律活动，其必然涉及一定的内容。具体来讲，法律论辩主要涉及的内容包括实体问题和法律问题两部分。

（一）实体问题

法律论辩中的实体问题主要是指案件事实和法律适用。如《刑事诉讼法》第一百九十三条第一款和第二款规定："法庭审理过程中，对与定罪和量刑有关的事实、证据都应当进行调查、辩论。经审判长许可，公诉人、当事人和辩护人、诉讼代理人可以对证据和案件情况发表意见并且可以相互辩论。"当然，并非所有实体问题都需要法律论辩，只有那些对案件处理结果具有直接影响力的事实和法律问题才可能成为论辩的核心。而那些双方没有争议的事实和依据自然就无须论辩，可以直接成为定案的根据。

当然，在就案件事实进行法律论辩时，任何一方都应当注意做到有的放矢，抓住那些能够影响处理结果的案件事实展开辩论。在刑事诉讼中，根据案件的具体情况，论辩双方会选择论辩重点和核心，可能是罪与非罪，也可能是此罪与彼罪，还可能是罪轻与罪重，那么追诉时效、犯罪的构成要件以及阻却违法事由等就成为重要的论辩事实。2010 年轰动一时的南京换妻案中，共 22 人被起诉到法院。其中除某大学的副教授马尧海拒不认罪外，其他 21 人均表示认罪，他们的辩护人选择的是有罪辩护。而马尧海坚称自己无罪，认为有权支配自己的身体，其辩护人为其做无罪辩护，主张其行为不仅不成立聚众淫乱罪，而且也不具有其他社会危害性。公诉人坚持以聚众淫乱罪提起公诉。双方就聚众淫乱罪的"聚众"、"淫乱"以及这种行为对社会造成的影响与危害进行了针锋相对的论辩。在民事诉讼中，诉讼时效、免责事由等会直接影响案件最终的处理结果，因此常常成为论辩的焦点，其他一些无关紧要的事实可以忽略不计。

查清案件事实的目的是正确地适用法律，适用的法律不同，处理的结果就会不同，这将直接影响到当事人的权利，如抢劫罪和抢夺罪，一字之差，刑罚差距就很大。因此当事人对于如何适用法律、适用哪个法律就会产生分歧，这就产生了进行法律论辩的需要。

（二）程序问题

除实体问题外，程序问题也是法律论辩内容非常重要的组成部分。虽然实体问题举足轻重，更容易引起当事人的关注，是法律论辩当然的核心，但程序问题同样不能忽视，程序的合法性和公正性往往是影响案件处理结果的关键要素。如审判人员是否回避，若符合法律规定条件应当回避而没有回避的人员参与案件审判，势必使案件裁判的公正性遭受质疑。当然，对于受诉法院是否有管辖权、当事人是否适格、行政主体作出行政行为时是否违反法定程序等问题，当事人产生分歧时就需要进行论辩。如北京大学与邹恒普名誉侵权一案，被告邹恒普的诉讼代理人就提出北京大学不是本案的适格原告，这一程序问题影响到案件的成立，自然引起了双方的激烈论辩。

（三）证据问题

案件事实的认定需要证据的支撑，证据在各类诉讼中都起到至关重要的作用。甚至有人称，打官司就是打证据，这种说法并不为过。因此，证据当然也就成为了论辩的重要内容。对证据的论辩主要围绕着证据的客观性、合法性、关联性三个特征以及证明标准而展开。

首先，对证据的客观性进行论辩。证据的客观性就是指证据无论在内容上还是形式上都是客观存在的，而不是捏造的或者虚构的。如虚假的证人证言，伪造的遗嘱、借条或者保险理赔事故等。

其次，对证据的合法性进行论辩。证据的合法性，是指证据的来源和形式必须符合法律规定。非法取得的证据不能成为定案依据，这就是诉讼中的非法证据排除规则。我国《刑事诉讼法》第五十四条第一款规定："采取刑讯逼供等非法方法收集的犯罪嫌疑人、被告人供述和采取暴力、威胁等非法方法收集的证人证言、被害人陈述，应当予以排除。收集物证、书证不符合法定程序，可能严重影响司法公正的，应当予以补正或者作出合理解释；不能补正或者作出合理解释的，对该证据应当予以排除。"最高法解释第九十五条也确认了使用肉刑、变相肉刑，或者其他方法获取的被告人供述的，为非法证据。民事和行政诉讼中同样也有非法证据的存在。如借条书写不规范或者是在被威吓情况下书写，遗嘱形式不合法，代书人、见证人与被继承人有利害关系等。这些证据在取得方式和形式上都有一定的欠缺，关于其能否使用各方当事人可能存在分歧，就产生了论辩的必要。

再次，对证据的关联性进行论辩。证据的关联性，即证据必须与待证事实有关，从而具有能够证明案件待证事实的属性。[①] 在证据规则中，证据的关联性具有基础性地位。相关证据可以采纳，无相关性的证据不能采纳。因此而产生的分歧，证明证据的相关性就具有了非常重要的意义。

最后，就证明标准进行论辩。证明标准，又称证明要求、法定的证明程度等，是指按照法律规定认定案件事实所要求达到的程度或标准。三类诉讼中的证明标准略有不同，刑事诉讼中的证明标准是指认定犯罪嫌疑人、被告人犯罪所要达到的程度，即犯罪事实清楚，证据确实充分。具体表现为：定罪量刑的事实都有证据证明，据以定案的证据均经法定程序查证属实，以及综合全案，对所认定事实已经排除合理怀疑。公诉人和被告人及其辩护人可以就上述法律要求展开论辩。

---

① 陈光中．刑事诉讼法（第五版）［M］．北京：北京大学出版社，高等教育出版社，2014：186.

第八章
诉讼中的法律论辩

法律论辩虽因诉讼性质的不同而有所区别，但也因诉讼程序阶段的相似而有共同之处。如因三类诉讼都存在法庭调查、法庭辩论、当事人最后陈述等阶段，因此开庭陈述、直接询问、交叉询问以及总结发言等部分就成为法律论辩的共同形式。各个部分在展开过程中或重在论，或重在辩，但大多时候是论辩交织，交叉进行。

第一节　刑事诉讼中的法律论辩

刑事诉讼中的法律论辩，是指刑事诉讼主体围绕被告人行为是否构成犯罪，构成何种犯罪，是否应受处罚以及如何处罚，是否因犯罪而承担民事责任以及如何承担民事责任，按照法定程序，依据相关事实和法律，以口头形式或者书面形式进行的论证和辩论活动。

由刑事诉讼的性质所决定，刑事诉讼中的论辩具有主体的多元化、内容的多样化以及法律后果的不可挽回性。第一，论辩主体一般分为控方和辩方，但刑事诉讼中，每一方主体又包含了若干不同的主体。具体而言，公诉案件中，一方为公诉人、被害人及其诉讼代理人，另一方为被告人及其辩护人；自诉案件中，一方为自诉人及其诉讼代理人，另一方为被告人及其辩护人。第二，刑事诉讼任务的多样性决定了论辩内容的多样性，包括被告人行为的罪与非罪和此罪与彼罪的认定，是否应受处罚，应受何种处罚以及附带民事诉讼被告人是否因被告人的犯罪行为承担民事责任以及承担何种民事责任。第三，刑事诉讼是由国家公权力认定行为人的行为是否为犯罪行为以及承担何种刑事责任的程序。因此法律论辩的结果涉及对人的自由和生命的限制与剥夺，其意义重大。

一、刑事诉讼中的开庭陈述

（一）开庭陈述的含义

开庭陈述，也称为开场陈述或者开头陈述，是诉讼双方就案件事实、主要证据以及诉讼主张向裁判者所作的第一次陈述。[①] 开庭陈述是英美法系国家庭审中的一个重要环节，是各类诉讼的必经程序。即使法官通常会在庭审中强调，双方当事人及其所聘律师开庭陈述的内容不能作为证据，但不可否认的是，从心理学的角度来说，人们对事物的最初记忆和印象往往是最深刻的，因此开庭陈述对裁判者或者陪审团的影响是巨大的。

在我国，对是否存在开庭陈述理论上观点不一，多数学者认为，我国存在开庭陈述，如公诉人宣读起诉书，被害人、被告人及其辩护人陈述。民事和行政诉讼中的宣读起诉状和答辩状也与开庭陈述性质相同。但也有部分学者认为，不存在开庭陈述，因为与英美法系国家开庭陈述的口头表达与重在展示证据不同，我国的宣读起诉书是书面的，重在讲清事实。其实，细究之下，我们不难看出，虽然两者存在表达方式和内容上的不同，但本质上并无差别，均是初次向裁判者介绍案件基本事实、主要证据以及本方的诉讼主张，以使裁判者对案件有一个基本了解，为后续的审判打下基础。

（二）控方的开庭陈述

开庭陈述的主要目的是使裁判者能够初步了解己方的诉讼主张，或者对对方的主张产生疑问，因而开庭陈述的内容在各类诉讼中都大同小异，均为表明自己的诉讼主张，以及掌握的事实和依据。

第一，在刑事诉讼一审程序中，进入法庭调查后，首先由公诉人宣读起诉书，起诉书分为首部、正文和尾部三部分。首部一方面介绍被告人的基本情况，包括自然情况、曾受处罚情况以及因本案被采取强制措施的情况；另一方面写明案件侦查以及审查起诉过程，权利告知情况，以表明此两个阶段程序合法。正文部分主要写明审查查明的案件事实、支持事实的证据，以及根据法律对被告人行为性质、犯罪的完成形态以及共同犯罪中的地位和作用的分析，并向法院提出相

---

① 许身健. 法律诊所［M］. 北京：中国人民大学出版社，2014：207.

关的建议。尾部为本案公诉人的姓名以及公诉的时间。

宣读起诉书标志着法律论辩的开始，也是公诉机关立论的表现，还代表着国家对犯罪的追究。因此，公诉人在宣读起诉书时站姿应挺拔直立，语气应庄严严肃，语调应庄重，语速适中，言语流畅且具有节奏感，表达应富有信心和正气。

第二，在刑事诉讼的抗诉审程序中，第二审人民法院开庭时，由其同级人民检察院出庭支持抗诉。检察机关的论辩同样包括拟定抗诉书和宣读抗诉书这两种书面与口头形式。抗诉书中应当载明检察机关认定的本案的犯罪事实、性质及量刑情节，在指出原审判决的具体错误的基础上，充分论述抗诉理由。根据原审判决错误的不同情况，抗诉理由的重点也会有所不同，主要是从原审判决认定的事实错误，适用法律不当，或者原审法院违反法定程序等方面进行论证。当然，驳论之后还应当立论，亦即应当论证本案的案件事实应当如何认定，如何适用法律或者如何纠正原审的错误等。

第三，在刑事诉讼的上诉审程序中，二审程序是由一审的被告人一方上诉而启动的，法律要求同级人民检察院也应派员出庭。在这一程序中，检察院的论辩主要以口头形式进行。其开庭陈述的内容是由上诉人的上诉理由所决定的，或者是针对原审诉讼程序的合法性，或者是关于原审判决认定证据的充分性，或者是关于原审法院案件定性和适用法律的正确性，又或者是关于原审判决量刑的适当性。

第四，在刑事诉讼中有附带民事诉讼的，附带民事诉讼的原告人或者其诉讼代理人在公诉机关宣读起诉书后可以宣读附带民事起诉状。附带民事诉讼的诉因是刑事被告人的犯罪行为给被害人造成了物质损失，因此附带民事诉状中应当载明被害人的物质损失的具体状况，以及被告人犯罪行为与物质损失之间的因果关系。

第五，自诉案件中，法庭调查阶段首先由自诉人宣读自诉状。自诉案件本身是侵害公民个人合法权益的轻微刑事案件，因此自诉状中应当载明被告人行为的主客观表现符合哪种犯罪的构成要件，以及其行为给被害人造成的损害情况。

（三）辩方的开庭陈述

根据我国《刑事诉讼法》的规定，公诉人或者自诉人在法庭上宣读起诉书或者自诉状后，被告人可以就起诉书指控的犯罪行为进行陈述。这是辩方立论的开始，也是控辩双方论辩的第一次交锋。当然，这一回合中，辩方只是对公诉人或者自诉人指控的内容表明态度，或是承认，或是指出分歧，一般为口头陈述。

被告人的态度至关重要，直接决定着辩方后续论辩的方向。若被告人不承认有罪，那么其后续的论辩就是无罪辩护；若被告人承认有罪，但对罪名或者量刑有异议，那么后续的论辩就会着眼于此罪与彼罪或者罪轻与罪重。

综合上述内容，可以看出，无论控方还是辩方，其开庭陈述的内容主要着眼于以下三个方面：

第一，明确表明己方的基本立场，为后续的举证指明方向。

第二，清晰阐明己方对案件的认识，主要是针对案件事实的认识，对双方争议焦点的理解，以及对双方诉讼主张的理解等。

第三，明确提出审判建议，控方尤其是公诉人根据法律规定对被告人行为性质进行分析，明确指出其所涉罪名，并向法院提出相关建议。

二、刑事诉讼中的法庭论辩

刑事诉讼中的法庭论辩包括质证和法庭辩论阶段，是控辩双方就案件事实、证据以及法律适用的全面交锋。

（一）质证

质证，是指公诉人、自诉人或者被告人和辩护人就对方出示的证据从与案件是否具有关联性、证据形式、来源是否合法、内容是否真实以及是否具有证明力或者证明力大小等方面提出的质疑和反驳。

质证比较常见的方法有：第一，指出对方的证据与案件事实不具有关联性。如在一起敲诈勒索案件中，辩护人提出其因家庭困难而实施犯罪行为，控方举出行为人经常吸毒的证据，认为辩方提出的事实不能成为行为人实施犯罪的理由。第二，揭露对方证据不真实，如对方证据为证人证言，与己方的物证相矛盾；或者对方的某一证据无法与其他证据形成证据链；证据所证明的事实与公认的自然事实或常识不相符合等。第三，指出证据来源不合法。如发现存在引诱证人作证、刑讯逼取口供或者强迫证人作证等情况，提出非法证据应当排除。第四，指出对方的证据与事实有出入。如辩方举证证明行为人主动放弃实施犯罪行为，应认定为犯罪中止，而控方指出行为人是听到有脚步声和说话声而仓皇逃跑，应为未遂。

在质证过程中，经常要对证人进行询问。在英美法系国家，对证人的询问分为直接询问和交叉询问两种形式。对于直接询问，我国三类诉讼中均有规定。如

《刑事诉讼法》第五十九条关于证人证言必须经过质证后才能作为定案证据的规定，第六十条关于证人的规定，以及第一百八十九条对被告人的讯问和询问的规定。在证人出庭作证时，一般先由提供证人的一方进行询问，然后才由对方发问。而对于交叉询问，我国法律没有明文规定，但从相关法律规定以及相应的司法实践来看，我国事实上已经建立了交叉询问的框架。

首先，直接询问。直接询问，又称为主询问，是指提供证人的一方当事人向证人进行的询问。鉴于诉讼的制度要求，这种询问基本上是由该方的律师来进行的。

在我国，基于传统文化以及法律的非强制性规定等原因，多数案件中，都是以证人的书面证言来代替证人出庭作证。在这种情况下，不仅直接询问是不可能的，而且证人证言的真实性也无法通过询问证人得到证实。即使证人提供的书面证言最终被法庭采纳，也无法排除其中的程序瑕疵，甚至会引起人们对司法公正的质疑。

直接询问的目的一方面在于获得有利于己方的证言，以支持己方的诉求；另一方面在于通过对证人的询问，获得裁判者的同情，使案件审理朝着有利于己方的方向发展。如对出庭作证的证人询问被告人家庭的贫困情况以及被告人人品、人格以及日常表现，使法官对被告人人品认同并产生同情心理。因此，直接询问主要会涉及以下几个方面的内容：

第一，证人的背景情况，即证人的自然身份，如年龄、职业、身份以及有无犯罪记录等。

第二，询问案件发生的具体情况，结合案情，对需要强调并对己方有利的案件要素进行询问，如案件发生的时间、地点、环境，或者证明案件发生时被告人不在犯罪现场，或者描述犯罪行为、主体、手段、对象以及后果等。

为了使证人能够完整地讲述案件情况，律师通常会提出"五W"问题，即谁（Who）、什么（What）、在哪里（Where）、何时（When）以及为什么（Why）。[①] 在对证人以及其他人进行询问时，应当注意几个问题：第一，询问不能具有诱导性。所谓诱导，即询问中已经包含了问题的答案或者答案的线索。诱导极易使被询问者按照询问者需要的答案作答，从而导致虚假证言。如果不用证人自己详述，而仅以是或者不是就能够解答的问题，一般都存在一定的诱导性，或者给出两个答案，一个明确具体而另一个含混不清。如公诉人问："你是在10

月 8 日晚 8 点在金碧辉煌门口（案发地点）看见被告人的吗?"又如,律师问:
"你看到的是穿着黑衣服×××（另一被告人）拿着一把匕首刺中受害人还是其
他什么人?"再如,律师问:"那天晚上你在喝酒,对吗?"第二,应当注意询问
的方式。问题设置可以采用由易到难的方式,使证人消除紧张的情绪并逐渐适应
法庭的环境。当然,在询问证人时,尽量避免使用诘问的方式及语气,因为在直
接询问中,证人都是己方提供的,质疑或者诘问显然会导致相反的结果。第三,
尽量让证人全面陈述。直接询问的目的是从证人处尽量全面地了解案件的事实情
况,让证人无所顾忌地叙述是最好的方法。因此,在询问之前,控辩双方都应认
真设置问题,并选择恰当的询问方式,才能事半功倍。

其次,交叉询问。交叉询问,又称为反询问,即指在审判中由相反一方的当
事人或者律师对证人进行的询问。简言之,交叉询问就是控方或者辩方询问对方
提供的证人,而这些证人显然是站在对方立场上的。因此,英美法系国家中,把
这些证人称为敌意证人。

如前文所述,我国法律虽然没有明确规定交叉询问,但有些法律规定中却含
有了交叉询问的意思,如《刑事诉讼法》第一百八十九条规定,经审判长许可,
公诉人、当事人和辩护人、诉讼代理人可以对证人、鉴定人发问。换言之,上述
主体可以对己方证人发问,也可以对对方证人发问,即为交叉询问。这种做法也
早已在司法实践中使用。

因为交叉询问的对象是对方提供的证人,因此交叉询问的内容就应该围绕着
降低对方证人的可信度、证人证言的信用度以及获得对己方有利的证言来展开。
主要包括:第一,通过质疑证人的年龄、智力状况或者精神状态来否定证人的资
格;第二,通过质疑证人的生理状况来否定其证言的有效性,如盲人的与视觉相
关的证言,聋哑人与听觉相关的证言等;第三,通过质疑证人是否怀有主观偏见
来否定其证言的真实性,如证人主观上存在民族歧视、性别歧视、地域歧视等,
或者存在其他情况可能影响其证言的真实性,如某人为其合伙人所做的有利于该
合伙人的证言。

为了使交叉询问得到较好效果,应当注意以下几个问题:

第一,避免询问与案件无关的问题。除证人资格外,询问的其他问题都应当
与案件存在关联性,否则证人有权拒绝回答。

第二,不要询问自己不知道答案的问题。在法庭论辩前,控辩双方一般对案
件情况都已经非常熟悉,需要询问的问题也已提前设定,因此法庭论辩中的询问
是典型的明知故问。尽量不要在法庭上临场发挥,否则极易陷入被动。

第三，禁止对证人进行人身攻击，更不得对证人进行威胁、侮辱。虽然对证人资格提出质疑时，可以涉及其信誉和品行的问题，但不能对证人进行人身攻击，不能使用带有侮辱性的语言，更不能损害其人格尊严或者故意泄露其隐私。

第四，应当有效地"控制"证人。控制，即要让证人按照己方设定的思路来回答问题，而不是一味地讲述证人自己的故事。要让证人实实在在地回答己方的问题，而不是回避甚至隐瞒。如果发现证人回避问题，那么就应该抛出更为强硬的问题，逼迫证人正面回答，得到己方想要的结果。同时，应当有意识地将证人置于法官的注意之下，对于想让法官了解的事实，可以从不同角度询问，以引起法官的重视。

（二）法庭辩论

法庭辩论的目的在于为控辩双方提供机会，充分表明己方观点，阐述理由和根据，从而从程序上保障当事人和诉讼参与人的合法权益。同时对于法庭查明案情、依法作出公正裁决也具有重要意义。

我国《刑事诉讼法》第一百九十三条第一款、第二款规定："法庭审理过程中，对与定罪、量刑有关的事实、证据都应当进行调查、辩论。经审判长许可，公诉人、当事人和辩护人、诉讼代理人可以对证据和案件情况发表意见并且可以相互辩论。"从本条规定可以看出，辩论不仅仅存在于程序中专门的法庭辩论环节，在法庭调查阶段控辩双方就可以就案件的事实情况进行辩论。同时，条文特别指出，法庭辩论不仅仅针对定罪，还可以针对量刑。这是修改后的刑事诉讼法的重要改变之一，目的在于纠正一直以来存在的法庭审判漠视关于量刑的辩护。

法庭辩论在审判长的主持下展开，发言的顺序为公诉人、被害人及其诉讼代理人、被告人、辩护人，然后控辩双方辩论。此为辩论的第一回合，辩论双方可以进行多个回合，直至双方意见阐述完毕。附带民事诉讼的辩论一般在刑事辩论结束后进行，也可以进行多个回合的辩论，先由附带民事诉讼的原告人开始，然后附带民事诉讼被告人进行答辩。

首先，公诉人发言。公诉人的第一次发言通常为发表公诉词。公诉词是公诉人代表人民检察院，为揭露犯罪，在总结法庭调查的事实、证据和适用法律的基础上，集中阐明人民检察院追究被告人犯罪的根据和理由，指出犯罪的危害后果，说明犯罪的根源，提出有建设性的预防措施和意见，以达到支持公诉、宣传法制和教育群众的目的。① 如药家鑫案件中，公诉机关在阐明药家鑫行为构成故意杀人罪后，着重指明：①买刀防身、对被害人狂刺，说明他的主观恶性非常重。②初犯不能作为从轻处罚的理由。③一般人把人撞倒了，都是把人扶起来，这是一般的道德底线。他连这一点起码的做人的道德底线都丧失了，因此也不能做从轻处罚。该案的公诉词力证药家鑫故意杀人罪罪名成立，并且不具有从宽处罚的情节，要求法院作出公正判决。

其次，被害人发言。被害人的论辩形式主要是言辞形式。如果被害人与公诉方就案件的定性及法律适用的意见一致，那么被害人的发言主要是发表补充或支持的论辩意见。一为深化公诉人的观点，补充论证被告人行为构成犯罪以及是否具有从宽处罚的情节。如在公诉人提供的证据不全或者对证据的质证不够全面时可以予以补充。二为针对被告人及其辩护人提出的改变定性或者主张罪轻的观点进行反驳。

如果被害人与公诉方就案件的定性与法律适用意见不同，如被害人认为公诉人对案件的定性和适用法律不正确轻纵了被告人，那么被害人可以提出自己的观点，发表自己的论辩意见。在一定意义上，被害人的论辩是对公诉人的制约与监督。

最后，辩护人发言。辩护人的第一次发言通常被称为发表辩护词。辩护词是辩护人以法庭调查为基础，综合全案，从保护被告人的合法权益出发提出的综合性辩护意见。如药家鑫案件中，其辩护律师在承认被告人有罪的基础上，进一步分析了本案中存在的可以从宽处罚的情节。首先，被告人是自动投案，被父母带到公安机关投案。从第一天的口供到最后的法庭陈述，都是如实供述，应认定为自首。其次，通过法庭调查，本案不是有预谋有计划的，纯属偶然。且因学习、就业压力，被告人心理压抑、抑郁。被告人实际上早已经丧失对生活的信心，曾产生过自杀的念头。本案的发生，是心理不良情绪凝结的结果，属于自身的心理脆弱，临时起意，可以定义为激情杀人，希望法庭斟酌量刑。最后，本案侵犯的客体对象是特定的，没有危机到被害人之外的公共安全和人身安全。由此可见，辩护词的重点在于指出公诉机关指控的不实之处，说明被告人应当无罪、罪轻，或者应当从轻、减轻、免除处罚的根据和理由，意在说服公诉机关和法庭接受自己的主张和观点。

法庭辩论中，控辩双方应当以事实为依据、以法律为准绳，围绕双方提出的

① 陈光中.刑事诉讼法（第五版）[M].北京：高等教育出版社，北京大学出版社，2013：343.

案件事实及法律适用的焦点问题进行论证与反驳。主导庭审的审判长应当善于抓住双方论辩的焦点，把辩论引向深入。对于双方与案件无关的、过于纠缠重复的以及相互指责的发言应当及时纠正、提醒或者制止。当然，在法庭辩论中，如果合议庭发现与案件有关的新的事实及证据需要调查的，可以宣布暂停辩论，恢复法庭调查，在调查结束后再进行法庭辩论。

三、刑事诉讼中的总结发言

总结发言，在英美法系中又称为结案陈词或者总结陈词，是庭审结束前的最后一个程序，因此其效果的好坏与案件的最终结果休戚相关。无论是哪一类诉讼，结案陈词都堪称一部压轴大戏。如果前面的论辩工作不够理想，结案陈词就是最后反败为胜的机会。因此，双方律师都会给结案陈词以高度重视，或者锦上添花，或者背水一战。

在我国刑事诉讼中，与英美法系国家的结案陈词最相类似的情况是被告人的最后陈述。我国《刑事诉讼法》第一百九十三条第三款规定："审判长在宣布辩论终结后，被告人有最后陈述的权利。"由此可见，被告人的最后陈述不仅是法庭审理的最后一个阶段，而且也是法律赋予被告人的一项重要权利。

合议庭应当充分保障被告人行使最后陈述权。首先，应当告知被告人享有此项权利。其次，被告人可以自己陈述，也可以委托其辩护律师陈述。最后，被告人陈述只要不超出本案范围，一般不能对其发言时间进行限制，也不能随意打断其发言，以保证其完整表达自己的意思。当然，如果被告人重复表达自己的观点，或者陈述内容与本案无关，合议庭可以及时提醒或者阻止。

第二节　民事诉讼中的法律论辩

在民事诉讼中，当事人及其诉讼代理人以从事实或者法律上解决双方之间的争议或者纠纷为目的，依据有关事实和法律，在法定程序下，以书面或口头形式展开的论证以及辩驳活动。

这里的"民事诉讼"为广义的民事诉讼，不仅包括一般民事诉讼案件，还包括了知识产权案件、劳动争议案件、商事案件等专门案件。但无论是哪一类民事诉讼案件，其过程中的法律论辩都同样具有论辩的共性，是论证和辩驳的统一，目的均为查明事实，正确适用法律。但与其他两类诉讼中的法律论辩相比，民事诉讼中的法律论辩仍然具有自己的特点：第一，平等性。民事纠纷发生于平等主体之间，因此民事诉讼中双方主体也具有鲜明的平等性，这也是民事诉讼与刑事诉讼和行政诉讼的显著区别。第二，对抗性。民事诉讼因双方主体之间的民事纠纷而产生，参与诉讼的双方当事人均希望通过审判来维护自己的合法权益，其法律论辩必然表现出针锋相对的激烈对抗。

民事诉讼中法律论辩的内容与刑事诉讼相同，主要包括开庭陈述、质证以及总结发言等几个主要部分。

一、民事诉讼中的开庭陈述

民事诉讼由原告或上诉人向法院提起诉讼或者上诉而引发，故其处于主动和进攻地位。因此，开庭陈述先由原告方或上诉人进行，而后是被告方或者被上诉人和第三人。

（一）民事诉讼一审程序中的开庭陈述

首先，原告方的开庭陈述。在合议庭核对当事人身份以及告知权利后，进入法庭调查阶段，首先由双方当事人进行开庭陈述。

原告的开庭陈述主要是宣读起诉状，也可以口头陈述事实，讲明诉讼请求和理由。具体而言，起诉状应当载明当事人的自然情况、诉讼请求和所根据的事实和理由，以及证据和证据的来源。根据法律规定，诉讼请求有确认之诉、给付之诉以及变更之诉等之分。不同的诉讼请求，开庭陈述的重点也会存在不同。

确认之诉的原告方在开庭陈述时应当着重说明自己与被告之间确实存在某种利害关系，并且这种利害关系的产生基于其与被告之间是否存在某种法律关系。如亲子关系的确认就势必会产生人身与财产上的利害关系。

给付之诉的原告方在开庭陈述时应当阐明债务的履行期限已到，但债务人并未履行或者未适当履行；或者虽然履行期未到或者无履行期，难以期待债务人自动履行。前者如合同之债，后者如侵权之债、无因管理之债等。同时，原告方还应说明其起诉符合诉讼时效之规定，即是在法律规定的诉讼时效期限内提出的。

变更之诉的原告方在开庭陈述时应当阐明和证实发生了引起现存民事法律关系变更或者消灭的法律事实。如变更抚养权，原告方需证实自己目前确实无法抚养婚生子女，继而提出抚养权变更请求。

其次，被告方的开庭陈述。被告方是因原告提起诉讼而由法院通知被迫参加诉讼的一方主体。由此可见，其在诉讼中具有一定的被动性。在法律论辩中，被告方相对于原告方而言是"守"的一方。但基于"谁主张，谁举证"的原则，针对原告的主张，被告方不负担举证责任，可以较为轻松地质疑原告方的诉讼请求和理由，并进行反驳。

被告方的开庭陈述既可以是口头表述，也可以是宣读答辩状。答辩状主要是针对原告的诉讼请求和理由多角度地展开反驳和论证，以证明原告的主张不成立。

在确认之诉中，被告方可以从原告起诉不符合法定条件、原告对请求确认的事项无确认利益、原告主张的标的物已经灭失或者原告请求确认的事项不应由人民法院裁判等几个方面来提出反驳意见。如原告不适格或者被告不适格、原告所请求确认事项并非为被告所有，或者原告所请求的医疗事故的鉴定应先由医疗事故鉴定委员会作出等。

在给付之诉中，被告除质疑原告起诉不符合法定条件之外，还可以对诉讼时效以及管辖权等方面进行反驳。虽然几类诉讼都涉及诉讼时效问题，但给付之诉对诉讼时效的要求更为严格。因此在给付之诉中，被告通常都会把诉讼时效作为答辩的重点问题之一。但是应当注意的是，关于诉讼时效的规定散布于各类部门法中，因此在将诉讼时效作为挫败原告方起诉的有力武器时，被告方不仅要遵循《民法通则》的一般规定，还要看部门法中的特别规定，更要注意是否存在时效中止、中断的情况。从理论上讲，只要以司法公正为前提，同一个案件无论在哪一个法院审理，其诉讼结果都应该是相同或者相似的。但实践中，管辖权之争却在诉讼中频繁出现。无论是出于客观原因还是主观原因，提出管辖权异议都是被告方在法律论辩中可能采用的方法与技巧。

在变更之诉中，被告方反驳原告方的辩论可以从原告起诉不符合法定条件、被诉法律关系不应予以改变以及原告提出的法律适用问题存在错误等方面展开。具体而言，被告可以指出原告提出的法律关系并不存在，如若原告提出解除劳动合同，被告则将两者之间的关系解释为"帮忙与被帮忙"的关系；如若被告不否认特定法律关系的存在，那么可以通过否定原告提出的支持法律关系变更的法律事实来进行反驳。若被告认为原告援引的支持其诉求的法律依据不正确，可以针锋相对地引用有关法律关于不允许变更、不应变更的规定作为辩驳的理由。

（二）民事二审程序中的开庭陈述

民事诉讼二审程序，又称为上诉审程序，是因一审程序中当事人的上诉而引起的诉讼程序，二审中的法律论辩与一审程序中的法律论辩在对象、手段上存在共同之处，但因提起诉讼的主体、理由以及诉讼程序本质上的区别，二审程序中的法律论辩也具有不同于一审程序的特征。

首先，上诉方为一审原告的开庭陈述。二审程序中，上诉方的开庭陈述一般为宣读上诉状。上诉请求的理由是上诉状的核心，也是双方论辩的重点。上诉的理由多为原审判决认定事实不清、适用法律不当，或者原审判决程序违法。

二审程序是在一审基础上的对案件的再次审理，因此，上诉的理由与一审起诉的理由存在很大的区别，其关注的主要是一审判决存在的问题。其中，最为突出的是上诉可以针对原审的诉讼程序提起，如原审合议庭中存在应当回避而未回避，可能影响公正审判的情况，或者应当开庭审理而未开庭审理的情况。当然，根据案件的具体情况，上诉人提出的上诉理由既可以是一个，也可以是多个。

其次，上诉方为一审被告的开庭陈述。一审被告若认为原审判决存在认定事实不清、适用法律不当，或者原审判决程序违法等情况，可以向上一级人民法院提起上诉引发二审程序。一审被告作为上诉人时，虽然二审程序是由其引发，但其在二审中的地位仍然比较被动，不仅要就上诉观点阐述理由，还要在二审前明确上诉目标，无论是争取二审法院全面改判，还是部分改判，抑或是要求二审法院发回原审法院重审。只有确定了目标，才能在论辩中有的放矢，取得胜诉。

最后，被上诉方的开庭陈述。无论被上诉方为一审的原告还是被告，都意味着其在一审中全部胜诉或者部分胜诉，但这并不意味着其在二审中可以完全重复其在一审中的立场、观点和主张。当被上诉人为一审原告时，意味着其在一审中胜诉，上诉人可能在二审中提出新的事实及理由，对此开庭陈述时应表明态度。若被上诉人为一审被告时，意味着一审原告败诉或者部分败诉，但其原因较为复杂，可能是原告自身的失误造成，也可能是被告的论辩充分使然，还可能是法院调取证据推翻原告主张导致。因此，被上诉人应当针对上诉人提出的理由作出充分准备，陈述自己的观点。

二、民事诉讼中的法庭论辩

民事诉讼中的法庭论辩同样包括质证和法庭辩论两个阶段和内容。

（一）质证

根据《民事诉讼法》和相关司法解释的规定，证据应当在法庭上出示，由当事人质证。未经质证的证据，不能作为认定案件事实的根据。在法庭调查中，质证按照原告、被告、第三人的顺序进行，具体而言，先由原告出示证据，被告与第三人质证；然后由被告出示证据，原告与第三人质证；最后由第三人出示证据，原告与被告质证。

证人证言是民事诉讼中的一类重要证据。法律规定，证人应当出庭作证，接受当事人的质询。证人作证后，合议庭应当征询各方当事人对证人证言的意见，审判人员以及各方当事人均可对证人进行询问，这种询问既可以是直接询问也可以是交叉询问，询问的规则与刑事诉讼中的规则相同，在此不再赘述。应当注意的是，证人不得旁听审判，询问证人时其他证人不得在场，以免影响证人作证。必要时，法院可以让证人进行对质。人民法院依一方当事人申请调取的证据，作为申请方提供的证据，应当在庭审时出示，接受当事人质证。

（二）法庭辩论

法庭辩论是在法庭调查的基础上，双方当事人围绕争议焦点，就案件事实的认定和法律的适用进一步向法庭阐明自己的观点，反驳对方的主张，进行论证和辩驳的活动。[①] 由此可见，法庭辩论的目的在于通过当事人及其诉讼代理人的口头论辩，查清案件事实，核实相关证据，分清各自责任，以期正确作出裁判。按照法律规定，法庭辩论发言按照原告及其代理人、被告及其代理人以及第三人及其代理人的顺序进行，然后是双方互相辩论。

首先，一审程序中的法庭辩论。在法庭调查结束后，合议庭一般会将双方争议的焦点进行总结，并引导双方当事人围绕此焦点进行辩论。

原告及其代理人首先提出自己的辩论意见，如某种法律关系不存在或者无效、被诉标的物应当给付或者对被诉法律关系应予变更等。例如，在一起侵犯人身权案件中，原告请求法院判令被告偿付因其伤害行为而支付的医疗费、误工费、鉴定费等费用。法庭调查中，双方对伤害事实没有争议，但对费用的数额以及误工费的计算存在不同看法。辩论中原告为支持自己的主张，提出了医院的诊断证明及购买药品的凭证。对误工费的计算，也出具了相关行业的平均收入

---

① 江伟，肖建国. 民事诉讼法（第七版）［M］. 中国人民大学出版社，2015：288.

证明。

被告及其代理人在原告提出辩论意见后开始进行答辩，主要是针对原告的意见进行反驳或者论证，当然也可以提出新的辩论意见。如上述案件中，被告提出原告部分医疗费是在伤势基本痊愈后支出的，不能计算在支付范围内。同时指出，原告虽为非技术人员，但在受伤时有固定工作，应按照其工资的实际损失来计算误工费。

其次，二审程序中的法庭辩论。如前文所述，当事人提起上诉的理由主要有三：一为原审判决认定的事实不清；二为原审判决适用法律不当；三为原审判决违反法定程序。无论是一审原告方上诉还是被告方上诉，均需在提出上述缘由的同时明确自己的诉讼目标，即是请求法院全部改判、部分改判还是发回重审。当然，二审辩论是在一审辩论的基础上展开的，双方围绕某个或者某几个焦点进行，对于在一审程序中已经达成一致或者对方已经承认的事项不再进行辩论。

在一审原告提出上诉的二审程序中，二审程序虽由其启动，但其在二审中却未必处于主动地位，反而在某种意义上却恰恰表明了其被动性。其之所以上诉是因为一审判决对其是不利的，其甚至可能是完全败诉，其相较于一审被告作为上诉人所面临的压力更大。因此，作为一审原告的上诉人应当认真总结一审失败的经验教训，积极分析准备自己的上诉请求及理由，并与被上诉人展开论辩。

在一审被告提出上诉的二审程序中，上诉人往往更为不利，因为在一审中被告一直处于被攻击的地位，经过一审判决使其处于败诉境地。如果不能在二审中抓住机遇、转败为胜，那么败诉将成为现实。因此，一审被告作为上诉人更应总结败诉的原因，分析案件现有的事实、证据，认真审视一审判决存在的问题，在二审中有针对性地进行准备，加强薄弱环节，与被上诉人展开有力辩论。

三、民事诉讼中的总结发言

法庭辩论终结后，由审判长按照原告、被告、第三人或者上诉人、被上诉人的顺序征询各方意见，即各方总结陈词，再次重申己方的观点和主张。

第三节 行政诉讼中的法律论辩

行政诉讼中的法律论辩，是指在行政诉讼中，作为原告的行政相对人与被诉行政主体围绕被诉行政行为的合法性，依据相关的事实、法律，在法定程序下，以口头或者书面的形式展开的论证与辩驳的活动。

行政诉讼以被诉行政行为的合法性为审查对象，审理对象的特殊性决定了其具有与民事诉讼和刑事诉讼不同的基本原则，也决定了行政诉讼中的法律论辩具有其自身的特点：首先，辩论主体具有特定性，因为行政纠纷发生在行政相对人与行使行政权的行政主体之间，因此行政诉讼的原告只能是行政相对人或者行政相关人，而被告只能是行政主体，论辩也只能发生在他们之间。其次，论辩内容具有特殊性，与民事诉讼和刑事诉讼不同，行政诉讼审查的对象只能是行政行为的合法性，双方当事人的论辩也只能就此展开。最后，论辩角度具有侧重性，这是由论辩内容的特殊性所决定的，行政行为由行政主体作出，因此法律要求被告行政主体承担证明行政行为合法的举证责任。因此，在行政诉讼中，以被诉行政主体的论辩为主，以行政相对人或者行政相关人的论辩为辅。

一、行政诉讼中的开庭陈述

行政诉讼中的开庭陈述与民事诉讼相同，即原告宣读起诉状，被告宣读答辩状。

（一）行政诉讼一审程序中的开庭陈述

首先，原告的开庭陈述。行政诉讼中，原告向法庭陈述的起诉状内容主要包括：第一，阐明自己的起诉符合法律规定的条件，属于法院的受案范围并在法定期限内提出。第二，指出被诉具体行政行为存在违法之处，如被诉行政主体没有做出行政行为的主体资格，被诉行政行为针对的对象违法，被诉行政行为认定事实不清、证据不足或者适用法律不当，以及被诉行政行为违反法定程序等。第三，可以根据法律规定对被诉行政行为的合理性提出质疑，如行政处罚畸轻或者畸重，没有考虑到从宽或者从重的情节等。

其次，被告的开庭陈述。被告的答辩状是针对原告的起诉理由进行的第一轮辩驳，主要涉及以下内容：第一，针对原告的起诉是否符合法定条件提出质疑，如原告不具有主体资格，案例不属于受诉法院管辖或者不属于法律规定的法院的受案范围，自己不具有被告资格等；第二，证明自己作出的被诉行政行为具有合法性，如行政行为认定事实清楚、证据充分、适用法律正确以及符合法定程序等；第三，证明自己作出的被诉行政行为具有合理性，如行政处罚的种类和程度在其自由裁量权的范围内。

（二）行政诉讼二审程序中的开庭陈述

行政诉讼二审程序是由一审中认为原审裁判存在错误的当事人引发的，上诉人既可能是原审原告，也可能是原审被告，两者上诉的理由不同，论辩的内容自然会有区别。

首先，二审程序中上诉人的开庭陈述。上诉人为原审原告的，其论辩的观点主要集中于几个方面：第一，认为原审判决认定事实不清，如原审判决对被诉具体行政行为的合法性审查不全面，遗漏了应当审查的内容，导致对被诉具体行政行为的合法性认定错误；或者原审判决所采信的被告方的证据不足以证明被诉具体行政行为的合法性；第二，认为原审法院裁判适用法律错误；第三，认为原审法院审判程序违法，如当事人不适格，证据采信违反相关法律规定等。

上诉人为原审被告的，其论辩的观点也主要集中于原审判决认定事实不清，裁判适用法律错误和审判程序违法等几个方面，但由于两者所站立场不同，论辩的理由自然不同。如认为原审法院认定原告起诉符合法定条件属于事实不清，或者认定被诉具体行政行为违法属于事实不清等。

其次，二审程序中被上诉人的开庭陈述。根据《行政诉讼法》第八十七条的规定，人民法院审理上诉案件，应当对原审人民法院的判决、裁定和被诉行政行为进行全面审查。因此二审程序中，无论被上诉人是原审原告还是原审被告，被上诉人都应针对上诉人提出的上诉理由和一审判决的正确性进行全面辩驳。同时，当被上诉人为原审被告时，其还应对被诉具体行政行为的合法性进行论辩。

二、行政诉讼中的法庭论辩

(一) 质证

如前文所述，质证是指在庭审过程中，在法庭的主持下，有关当事人围绕法庭上出示的证据的关联性、合法性和真实性以及证据的证明力大小进行的辨认、质疑、对质、核实，以达到查明案情的活动。

根据我国目前的法律规定，行政诉讼中质证主要采取言辞方式，即当事人及其诉讼代理人按照法定的规则，相互之间发问或者向其他诉讼参与人发问，接受发问者作出回答。

当事人及其诉讼代理人只能就证据问题进行提问，不能对其他问题（包括法律问题）提问。同时，所提问题必须与案件具有关联性，不得就与案件无关的问题进行提问，否则会拖延庭审时间，影响诉讼效率。当然，当事人及其诉讼代理人质证时应当采取合理合法的方式，不得采取引诱、威胁、侮辱等语言和方式。合议庭也应对不合理的质证方式及时制止，如若发现当事人及其诉讼代理人的提问与案件无关，应当及时进行引导。

出庭作证的证人不得旁听审判，证人作证时其他证人不得在场，以免证人受到影响而修正自己的证言，不利于证人证言的真实性、全面性和可信性，此即为"个别询问"和"隔离询问"原则。但是在司法实践中，当出现两个或者两个以上的证人对同一事实的陈述相互矛盾或者不能明确哪一位证人的陈述更为真实可信时，法院可以组织证人进行对质，当事人及其诉讼代理人也可以在双方的对质中找到有利于自己的信息。这种对质的方式违背了个别询问和隔离询问的原则，但确是合理的，也是合法的。

(二) 法庭辩论

行政诉讼法庭辩论的顺序与民事诉讼相同，先由原告及其诉讼代理人发言，再由被告及其诉讼代理人答辩，然后双方互相辩论。第三人参加诉讼的，应在原被告发言后再发言。当然，行政诉讼是因行政相对人不服行政主体的行政行为起诉而引起的，因此双方主体在法庭辩论中所围绕的焦点与民事诉讼存在明显区别，主要围绕行政行为的合法性或者合理性展开。

一审程序中，原告可着眼于被诉行政行为合法性或者应当停止执行具体行政行为等方面展开辩驳，具体可从这几个方面进行：①提出被诉行政主体没有作出被诉行政行为的主体资格，如行政机关行使非行政机关的职权，被诉行政主体行使了其他行政主体的职权或者下级行政机关行使了上级行政机关的职权；②被诉行政主体作出的被诉行政行为所针对的对象违法，如对象为无法定行为能力的公民、法人或者其他组织；③被诉行政行为认定事实不清，主要证据不足，如被诉行政主体提供的证据不能证明被诉行政行为合法或者其所提供的证据本身不合法；④被诉行政行为适用法律错误，如被诉行政行为所依据的法律规定已经失效，或者适用的法律错误。被告方辩论中一般会在反驳原告方提出的观点和理由的同时，主要论证自己作出的行政行为具有合法性和合理性。

二审程序，如上文所述，双方当事人论辩的主要焦点有两个：一为原审判决错误，包括认定事实错误和适用法律不当；二为争诉的行政行为是否合法或者是否合理。

第**九**章
法律论辩训练

在法律论辩中，无论是法庭陈述还是法庭辩论，抑或是最后的总结陈词都需要确定诉讼目的和重点，然后围绕目的和重点展开论证和辩驳。

一、开庭陈述

我国三类诉讼中的开庭陈述多为宣读起诉书、起诉状或者答辩状，因此，法官也常觉得多此一举，于是要么干脆说"如果与起诉状或答辩状一致就不要念了"，要么说"不要再念了，请简明扼要陈述你的理由"（不少律师甚至觉得这样的法官不重视程序或者不尊重律师的发言权利）。但是，即使放弃了照本宣科，律师们在此阶段仍常会被法官无情地打断。因此，如何做开庭陈述才能让法官有耐心听下去，从而达到自己想要的效果呢？一般来讲，无论哪一个阶段的陈述，都应该简明扼要地进行，让人们在失去注意力前能够清晰地捕捉到案情以及己方的观点。

二、案例解析

（一）基本素材

第一，某案件原告律师开庭陈述的部分内容。

尊敬的审判长、审判员：

有关资料显示，在我国，84%的女性曾经遭受过不同形式的性骚扰，其中50%发生在工作场所，这其中又有36%来自上级。而本案中的王萍女士，就是这样一位深受性骚扰之苦的女性。故此，我方只想证明一个基本问题，即汉密尔顿先生对王萍女士构成性骚扰，王萍女士有能力胜任工作却因拒绝性骚扰而被无理解雇。

第二，夏俊峰案二审辩护律师中国政法大学滕彪老师开庭陈述的部分内容。

审判长、审判员：

作为夏俊峰的辩护人，我首先向被害者家属表示同情；不管夏俊峰有罪与否，两个公民的死亡总是让人非常遗憾的。我也将向法庭表明，两名城管和夏俊峰一样，都是城管制度的受害者，今天的法庭注定是一场没有赢家的战争。我们要极力避免的是一个悲剧引发新的悲剧，一个错误伴随着新的错误。法律就是法律，我们不能把法律之外的个人情绪和政治压力等因素放在法律之上。依照诉讼法理以及《刑事诉讼法》第一百八十六条之规定，第二审程序审理的对象是一审判决是否正确。我要向法庭证明的是，一审判决认定夏俊峰构成故意杀人罪，定性错误、适用法律错误，控方指控的罪名根本不能成立；一审判决判处夏俊峰死刑，则是量刑错误，与相关法律规定相违背。

（二）评析

第一，在第一个案例原告律师的陈述中，引用了职场中女性遭遇性骚扰的真实数据，用以说明女性遭遇职场性骚扰的广泛性。继而引出原告遭遇性骚扰以及由此被无理解雇的事实。该段开场白语言简洁、表述清晰、开门见山、一目了然。

第二，在第二个案例上诉人辩护律师的陈述中，首先向被害人家属表示同情，表明了态度，继而用慷慨且悲情的语言阐述案件背后的制度问题。这段表述以现今突出的城市管理问题的弊害吸引了人们的注意力，并明确表达了一审判决在事实认定、适用法律等方面的错误，为下文的详细论述奠定了基础。该段开场白慷慨激昂、引人入胜。

在夏俊峰上诉案件中，辩护律师滕彪大量地引用了近些年城管在执法过程中的恶劣行径，以引导人们的情绪，获得更多的支持。下面一段即为法庭陈述中的相关内容：

2006年2月16日，上海市普陀区城市管理监察大队第九分队将上海市民李秉浩殴打致死。2006年10月9日，广西来宾市象州县的一名流浪汉被喝醉酒的城管队队长覃宗权殴打致死。2007年1月8日下午15时40分左右，山东济阳县经一路宏伟酒业经营部老板李光春被11名城管打死。2008年1月7日，湖北天门竟陵镇湾坝村魏文华路过发现城管执法人员与村民发生激烈冲突。他掏出手机录像时，被城管人员当场打死。2008 年 7 月 30 日，重庆市渝中区两路口综合执法大队的周某等 4 名执法人员在大田湾体育场附近将正在经营的摊贩刘建平殴打致死。2009 年 3 月 30 日，江西萍乡市开发区横板村 16 组村民陈某被该区一二十名城管人员群殴致死，事后家属抬着尸体封堵了境内 320 国道路段，抗议城管暴行，引发近万名群众围观。2009 年 10 月 27 日，昆明市福发社区城管分队在野蛮执法时与一名三轮车夫潘怀发生冲突，并将其打死。

开庭陈述不仅要概述案件，而且还要列出相关证据。应当注意的是，列出证据是指明支持己方阐述的事实的证据，无须对证据进行详细分析，但要指明证据证明了什么。如药家鑫故意杀人案件中，公诉机关在陈述案件事实后指出，认定上述事实的证据如下：①被告人药家鑫的供述；②证人证言；③物证：单刃尖刀一把；④现场勘查笔录、现场图、刑事摄像照片证实案件现场的情况；⑤尸体鉴定结论、DNA 鉴定结论。由此可见，这里是出示证据而非分析证据，更不是质证。

下面这段陈述就有不当之处。

对方代理人和当事人在开庭陈述中强调，是我方当事人的原因造成王萍患了轻度抑郁症，而且也出具了一份医疗诊断证明。首先单就这份诊断书的真伪我要说明一点，诊断书上很明确地写着未盖有医疗诊断专用章的无效，而恰恰王萍的这份诊断书就没有盖章，所以我们质疑它的真实性。

显然，这段陈述中混淆了开庭陈述和质证的区别，而质证应当放在交叉询问中。

三、直接询问

直接询问证人能够通过证人的证言来展示诉讼主旨。在直接询问中，被询问人是己方的当事人或者证人，因此肯定是配合公诉人或者辩护人、诉讼代理人提问的，看似容易，但询问时也应注意方式和技巧。

（一）直接询问的目的和内容

直接询问的目的就是证明己方的事实。如药家鑫案件中公诉方提供的证人朱应福（西北大学长安校区工地门卫），其目睹了一辆小轿车将受害人撞倒。公诉人对朱应福直接询问的目的就是要说明，案发时间一辆与药家鑫驾驶的车相同的小轿车撞倒了受害人。因此，设计的问题就要说明什么时间、什么地点、什么颜色和型号的车撞倒了人，被撞的人的性别、容貌以及其他特征。

（二）直接询问的技巧

每次直接询问都应当从提出与证人自身及相关背景信息有关的问题开始，使证人对这些问题提供答案。询问的内容要包括证人对案件场景和案件过程的描述。询问时应注意方式及语言，要表达出对证人的足够尊重。

如对某一案件证人吴某某的询问（询问内容为虚构）。

首先，介绍证人和展现背景。

在询问证人的名字时，可以有以下两种问法。

问法一：证人，说一下你的名字。

问法二：吴先生，请问你叫什么名字。

同样地，在询问证人的年龄时，也可以有以下两种问法。

问法一：说一下你的年龄。

问法二：你多大了？

两种不同的提问方式，虽然提问的内容是相同的，但显然后一种提问更柔和，更能体现出对证人的尊重，也能缓解证人的紧张情绪。而前一种提问显得比较生硬，不像是对己方证人的询问。

其次，对案件场景和案件过程的描述。

在此类提问中，同样也可以有以下两种问法。

问法一：请你描述一下案发的经过。

问法二是将问题细化，通过一个个具体的问题引导证人描述案发经过。

问：在2004年9月5日早晨，你在白石桥路口拐角处看到了一个受到侵害的人吗？

答：是的。

问：你以前去过那个十字路口吗？

答：我每天都经过那里。

问：看到这次袭击时你在哪儿？

答：我正步行穿过十字路口，从大慧寺和白石桥的东南角走到十字路口的东北角。

问：凶手使用了什么凶器？请描述一下。

答：一把榔头。大约30公分长，前面较尖。

问：凶手用榔头打在受害人什么部位？

答：头部太阳穴位置。

在这一提问中，前一种提问有些宽泛。问题宽泛可能会产生两个方面的问题：一是证人可能会回答得漫无边际，容易失去控制；二是会遗漏一些细节。后一种提问把问题分成若干个小问题，使证人的回答更具针对性。

再如对某一民事案件证人的提问。

问法一：

①你们同事曾经在"九点半"酒吧喝酒，对吗？

②那天晚上都发生了什么？

问法二：

①你上班的第一周周五，也就是2008年5月23日领班程某的生日那天，你们去酒吧喝酒，你能描述一下被告王某到场后的情形吗？

②在这种情形下你是怎么处理的？

③聚会结束后，你是怎么回家的？回家的路上发生了什么？

在这一询问中，同样地，第一种问法不够具体。首先，时间不明确，同事在酒吧聚会可能有很多次，指代不明证人无法回答。其次，那晚发生的事情可能很多，这样提问容易让证人加入无关的细节，不利于达到证明效果。最后，发问模式单一，如果问题简短，证人回答冗长，不仅不容易让人记住，可能还会引起法官的反感。

四、交叉询问

交叉询问被认为是发现事实的最有效的方法，是对抗过程的核心。交叉询问往往最能体现论辩双方的水平和经验。有人曾说过，"许多案件的胜诉仅仅是因为律师具有较高的盘询技巧。一个好的盘询者的提问总是既简洁又能击中要害，他提出的问题是如此的巧妙，以至于无论被询问者怎样回答，都对他的辩护有利"。当然并不是对所有证人都需要进行交叉询问，只有对一些关键性证人才需要进行交叉询问。

（一）交叉询问的目的和内容

交叉询问的主要目的是：第一，提出有利于自己的论据的信息；第二，破坏对方的论据。

如某一刑事案件中的现场目击证人，辩护律师可以从证人的年龄、视力、案发时的光照条件等几个方面来进行提问，以确认证人在案发当时的光照条件，加上证人的年龄等因素，使证人无法证明案发经过。这样的询问结果无疑能够破坏公诉方的证据。

（二）交叉询问的技巧

第一，如何提出问题。交叉询问中应当注意不要和证人争辩，不要问一些自己都不知道答案的问题和证人可以自由回答的问题。设定的问题最好让证人只能回答"是"或者"不是"。例如，

问：丁先生，你是在晚上 11 点左右遭遇袭击的吗？

答：是的。

问：在 12 月 5 日，冬天吗？

答：是的。

问：是在夜间吗？

答：是的。

问：太阳下山了吗？

答：是的。

问：商店都关门了？

答：是的，我想大部分都关门了。

问：周围没有多少车经过？

答：晚上那个时候是没有。

问：你说从街灯那儿发出了一点灯光？

答：是的。

问：那些灯坐落在每个街区的尽头？

答：是的。

问：但是在街区的中间并没有任何街灯？

答：是没有。

问：那就是抢劫发生的地点吗？

答：是的。

在上述交叉询问中，询问者设置的问题使被询问人没有自由发挥的空间，询问完全按照询问人的思路在发展。同时，问题的递进，成功地为询问者辩论建立了一个事实基础，即光线太差，不足以使受害人看清并准确识别对其进行袭击的人。

第二，如何降低证言的可信度。可以从证人与当事人的关系，以及证人自身的情况入手。如可以询问证人"你是王某某的好朋友吧？""你们的关系很密切吧？"这些问题都可以降低证言的可信度。

五、结案陈词

结案陈词是辩论而不是事实的陈述，可以从事实、法律等多个方面进行论证。如在检察机关起诉被告人构成贪污罪的案件中，辩护人所做的结案陈词（节选）：

"置于自己实际控制之下"不是界定贪污罪的法律标准。辩护人注意到，检察机关认定被告人犯有贪污罪的根据是被告人将公款置于自己实际控制之下，可以支配。由此得出被告人必然是贪污的结论。辩护人认为：以"是否置于行为人实际控制之下"来界定是否构成贪污是没有法律根据的。

大家知道，在司法实践和理论探讨中，常常把"是否置于自己实际控制"之下来认定盗窃犯罪的既遂与未遂。它是划分犯罪形态的一个客观标准，而不是衡量是否构成贪污罪的标准。辩护人认为：贺某是否构成贪污应以贪污罪构成要件来衡量。本案中被告人缺少将公款据为己有的主观故意；客观上也没有实施诸如假单据入账以及虚支冒领、重复入账、篡改单据、骗取等贪污手段。因此，认定被告人贺某将公款置于自己实际控制之下即是贪污，没有法律依据。应当明确的是，贺某控制的是这些款的使用权，而不是所有权，而控制使用权可能导致的只是挪用，不可能是贪污。

这段结案陈词中的部分内容详细分析了贪污罪中"置于自己实际控制之下"这一影响罪名成立的重要条件，从而论证了被告人行为不构成贪污罪。

法庭论辩要注意不能重复法庭调查部分的内容，因为已经是两个环节了。有些学生因法庭辩论是提前准备的，虽然，法庭调查事实都已发生了变化，但是仍然照本宣科。在法庭论辩中应当注意运用在法庭调查中得到的证据。

第三编　模拟法庭

第十章
模拟法庭概述

第一节　模拟法庭的概念与特点

一、模拟法庭的概念

关于什么是模拟法庭，学者间的论述颇不一致。综合而言，有教学方法说和教学模式说两种主张。

持教学方法说的论者之间对模拟法庭的定义阐述也略有区别，一种观点认为，模拟法庭，或者又称为假设法庭，是指在教师指导下，由学生扮演不同角色，运用所学知识，借助相关设备，模拟法庭审判活动的一种教学方法。另一种观点认为，模拟法庭是学生在教师的指导下，根据确定的典型案例分别担任不同的法庭角色，以法庭审判为参照来模拟审判的教学活动，是把主体与客体、解决问题与系统学习、知识传授与能力培养充分结合，促使学生综合运用实体法、程序法、文书书写、辩论技巧以及相关知识，提高解决个案能力的教学方法。简言之，模拟法庭是融实践、理论与思想于一体的教学方法。

教学模式说中一种观点认为，模拟法庭就是教师以有利于学生理解法律知识，又有一定教育意义为标准选择案例，引导学生对案件独立思考、深入分析，由学生分别担任不同的法庭角色，共同参与案件的模拟审理，将在课堂上学习的法学理论和司法实践紧密结合起来的一种教学模式。另一种观点认为，模拟法庭就是通过模拟法院开庭审理的方式，通过学生亲身参与，将课堂中所学到的法学理论知识综合运用于实践，以达到理论与实践相结合、相统一的教育目的的一种教学模式。

其实，从目的上看，模拟法庭就是为了提高学生的实践能力而设置的，其有别于其他理论课程，为学生提供了一种模拟的法律实践机会。虽然模拟法庭与真实的法庭审判以及其他的实践方式区别明显，但不能因此而否定其实践性。上述无论教学方法说还是教学模式说都没有否认模拟法庭的实践性，两者在某种程度上含义是相同的，归根结底都是法学的实践教学活动。因此，简言之，模拟法庭是指在法学教学过程中，在教师的指导下，选定典型案件由学生分别扮演审判人员、公诉人员、辩护人或者诉讼代理人、当事人，按照法定程序模拟审判的一种教学活动。

为了调动学生学习的积极性，提高学生的实践能力，法学教学过程中，除模拟法庭外，还有一些教学形式也被广泛采用，如诊所式法律教育和案例教学。

诊所式法律教育（简称法律诊所）源于美国，其借鉴了医院培养实习医生的方式，学生在教师的指导下，通过办理真实案件来提高实践能力。在诊所内，学生站在律师的角度，既可以接待当事人，提供法律咨询，也可以代理案件，实际出席法庭。简言之，诊所式法律教育就是想让学生"像律师那样思考"。通过办理真实案件，锻炼学生的实务能力。显然，诊所式法律教育与模拟法庭从不同的角度和层面为学生提供了锻炼的机会。但两者也存在明显不同，前者针对的是真实案例，学生需要操刀实干，后者针对的模拟案例；前者主要培养学生以律师的身份和思维来帮助当事人解决实际问题，而后者主要是训练学生熟悉审判程序以及部分法律文书的写作。我国的诊所式法律教育亦为舶来品，2000 年左右在美国福特基金会的支持下最先在 10 所大学中试行，现在已有 100 余所大学中开设了法律诊所课程。

案例教学法也源于美国。为了克服传统法学教学偏重理论、枯燥、乏味等弊端，19 世纪末美国哈佛大学法学院首创了案例教学法。案例教学法主张用判例教材代替理论教材，教师在课前会指定学生阅读相关判例以及需要思考和讨论的问题，然后在课堂上会引导学生进行讨论和分析。因为是以判例作为教学的依据，所以在美国，案例教学法又被称为判例教学法。虽然这种教学方法引发了争议，其中不乏批评之词，但案例教学法仍然迅速地被美国各大学法学院所采用，继而在世界范围内传播。案例教学法引入我国后，在很长时间内并没有得到很好的运用。就客观因素而言，我国并不存在类似美国的长期积累、兼容并包且标准相对统一的判例资源库，现有的可利用的教学资源有限，即便目前最高人民法院要求各级法院将各自的裁判文书上网，我们所看到的也仅仅是法院的裁判文书，诉讼过程以及不同的观点论争等案件材料无法获得。这种现状大大地限制了案例教学法的有效运用。就主观因素而言，很多教师并没有掌握案例教学法的精髓，案例主要是用于说明特定的法学理论和制度，教师们通过案例解读理论和制度规定，虽然可以使学生了解法学理论和法律制度的实践意义，但因为这仅仅是一种经过切割的片段，所以学生不可能从整个个案中深刻地感受司法的实际运作，并且形成法律职业技能所应有的思维方式，其思维方式依然停留在法学知识的学习和研究思考的层面，无法推进到知识应用、输出的技能层面。鉴于目前案例教学法的尴尬境地，我国的法学教育工作者一直在努力地进行探索，寻求一种新的适合我国法学教育实际情况的教学方法。复旦大学法学院章武生教授教学科研团队推出的"个案全过程教学法"就是一个成功的范例。该教学法对入选的案例有较高的要求，既要考虑到代表性、难易度，也要兼顾理论与实务的结合度，基本上要能够满足本科生和法律硕士实务教学的要求。该教学法能使学生经历案件的全部过程，并能够得到全方位的训练。

很明显，个案全过程教学法是对案例教学法的进一步发展和完善，更具有本土化特征。两者与模拟法庭相比较具有明显不同：模拟法庭训练中，学生不仅要熟悉诉讼程序，掌握文书写作要求，更要体会不同角色的作用，能够得到全过程和全方位的综合锻炼。而案例教学法或者个案全过程教学法，有助于学生理解某一法律制度或法律概念，或者引导学生站在律师的角度思考问题。

二、模拟法庭的起源

模拟法庭作为一种教学模式，对我国而言是真真正正的舶来品，是学习西方法学的成果。其源于美国法学教学中的 moot court 课程，在 20 世纪 30 年代引入我国后被译为模拟法庭。在英文中，被译为模拟法庭的有三个词较为常用，即 moot court、mock court、mock trial，其中 moot court 作为模拟法庭的首选词最为常用。Mock trail 与 moot court 属于同义词，直译为模拟法庭，但在西方法律中其主要是指代理律师在实际审判之前为了确定诉讼的策略、评估诉讼价值和风险，以及一方在该案中所处地位的优劣势而举行的一次对实际庭审的预演。来自相关陪审员备选库的人员被雇用为模拟法庭陪审员坐庭，他们会在听讼后作出模拟裁决；然后，模拟陪审中会被询问关于辩论、开庭技巧以及其他问题，因为一些人不知道是何方当事人雇用他们作陪审员，他们直率的观点对制定庭审策略很有用。① 由此可见，moot court 能够比 moot trail 更准确地体现法学教学法的精神。

　　法学的实用性决定了社会对实践性法律人才的需求，培养法学专业学生的实践能力也就成为了法学教育关注的重点。西方很多国家都纷纷采取措施，在教学中锻炼并提高学生的实践能力。模拟法庭是最早出现的一种教学方式。一般认为，最早采用模拟法庭教学法的是 14 世纪英国著名的四大律师学院——林肯学院、格雷学院、内殿学院和中殿学院。它们通过组织模拟法庭的方式确定哪些学员能够取得出席正规法庭进行辩护的资格，并成为英国律师协会的正式成员。

　　模拟法庭教学由任课教师负责组织，结合课程要求及教学内容将学生根据模拟案件分配角色，通过案情分析、文书准备、预演以及正式开庭等环节模拟民事、刑事以及行政案件的审判或者仲裁的过程。因为模拟法庭具有参与性和直观性，所以其能够充分调动学生学习的积极性。目前，模拟法庭作为法律职业训练的模式已经被我国高校的法学专业普遍采用。模拟法庭既提高了学生的综合素质，又促进了法学教育与社会发展的结合，现已成为影响当今法学教育模式改革的一种趋势。②

三、模拟法庭的特点

　　无论是作为一种教学方法还是一种教学模式，模拟法庭都具有如下特点：

　　（一）实践性

　　模拟法庭之所以被创设，就是为了弥补法学教学中偏重理论的缺陷，其自然具有突出的实践性。在模拟法庭中，一般由教师选择典型案例，其他各项工作则由学生来完成。学生需要查找相关资料编写模拟审理的流程，撰写相关诉讼文书，进行法庭诉讼活动，从而锻炼自己的实际操作能力，并提高分析问题和解决问题的能力。

　　（二）参与性

　　如上所述，模拟法庭的庭审过程完全由学生来完成，教师只是起到指导作

---

①　杨欣．模拟法庭实验教程［M］．北京：中国民主法制出版社，2015：1.
②　刘晓霞．模拟法庭［M］．北京：科学出版社，2010：5.

用。法官、检察官、律师、当事人由学生充当，学生在模拟庭审中不仅要熟悉审判流程，各方主体还要在庭审前制定诉讼策略，召开庭前会议，书写法律文书，这些活动能够让学生充分参与其中，展示法官、检察官和律师之间的相互关系和作用。当然，参与性更体现在整个案件的诉讼发展过程中。因此，模拟法庭这种实践性教学方法，在一定程度上能够改变我国目前忽视实践能力培养的传统的教育模式。

（三）模拟性

模拟性即非真实性。换言之，模拟法庭与法院审判的最大区别就在于，法院审判是针对特定的真实案件进行审理并作出裁判的。真实案件中，各方当事人之间有真实的利益冲突或者矛盾纠纷，法庭论辩时更具有真实性和论辩性，当事人最终也会承担相应的法律责任。而在模拟法庭中，学生只是在扮演真实案件中的各种角色，通过这种角色扮演再现案件的审判过程。因为具有明显的模拟性，所以没有真实案件中事实上的诉讼性，在法庭论辩时也往往缺少了针锋相对的感觉。

第二节 模拟法庭的功能

一、模拟法庭的功能

模拟法庭是兼具控、辩、审功能为一体的综合性教学模式，教育部非常重视模拟法庭在各个法学院校的推行。教育部高等教育司 1998 年发布的《普通高等学校本科专业目录和专业介绍》将模拟法庭作为"实践性教学环节"，并进行了列举式规定："主要实践性教学环节，包括见习、法律咨询、社会调查、专题辩论、模拟审判、疑案辩论、实习等，一般不少于 20 周。"[1] 随着模拟法庭教学模式在各高校法学教学中的推广和运用，其对提高法科学生综合实践能力的功能也越来越显著和突出。

---

[1] 杨欣. 模拟法庭实验教程［M］. 北京：中国民主法制出版社，2015：7.

（一）培养学生的程序操作能力

培养学生对程序的操作能力是模拟法庭课程教学的首要目标，因此指导教师通常会分别选择典型的刑事案件、民事案件和行政案件进行演练，学生在模拟庭审中熟悉并掌握三类诉讼中从宣读法庭纪律、核对当事人身份、告知权利到法庭调查、法庭辩论以及当事人最后陈述等各阶段的顺序和基本内容。

通过对诉讼程序的操控演练，还可以培养学生的程序正义意识。程序正义被视为"看得见的正义"，根源于英美法系国家的一种法律文化传统和观念，其本质含义源于一句人所共知的法律格言："正义不仅应得到实现，而且要以人们看得见的方式加以实现。"（Justice must not only be done, but must be seen to be done.）程序正义和实体正义是司法正义得以实现的两个基本层面。虽然程序正义曾一度被忽略，但在现代法治国家中，程序正义已经成为一种极其重要的价值追求，是实现实体正义的保障。程序正义能够在法院代表国家对诉讼主体权益作出利与不利裁判时，使诉讼主体的自主、负责和理性主体的地位得到尊重，有助于诉讼主体从心理上真诚接受和承认法院所作裁判的公正性和合理性，也有助于社会公众对司法机构和司法程序乃至国家法律制度的权威性产生普遍的信服和尊重。任何法律人都必须深刻认识到程序正义与实体正义的关系，将程序正义根植于思想中，法科学生作为未来法律人更应如此。模拟法庭在帮助学生掌握诉讼程序的同时，也能够使学生切实体会到正当程序的重要性和必要性，进而产生程序正义的思想意识。

（二）培养并提高学生法庭审判语言表达能力

法庭是人民法院代表国家居间裁判的场所，法庭审判是一种非常严肃的司法活动，因此在审判中，审判人员以及各方当事人所使用的语言、语气明显不同于其他场所。如语言应当通俗易懂但不能过于口语化，应当尽量使用法律专业术语。当然，各方主体因为处于不同立场，所使用的语言也有区别。法官处于中立地位，因此语言表述不能带有偏见，不能倾向于任何一方，更不能带有导向性，即使在刑事诉讼中面对被告人时也不能明显带有负面情绪。诉讼中的双方当事人因为利益冲突和矛盾纠纷，在法庭辩论中往往会言辞激烈、针锋相对，但必须在法律和本案的范围内发表自己的意见，言辞可以激烈，但不能偏颇，更不能使用污言秽语。公诉人和辩护人应当就案件事实讯问或询问被告人或者证人，但不能使用诱导性语言来达到目的。特定的语言习惯和语气表达需要长时间的训练才能养成，法庭审判语言更是如此。模拟法庭教学模式给学生提供了充分的锻炼机会，促使学生掌握法庭审判语言的表达方式，进一步提高表达能力。

（三）培养并提高学生的法律文书写作能力

模拟法庭课堂教学中，角色扮演和熟悉程序只是需要完成的基本目标，此外更多的是培养学生的综合能力。无论扮演的是哪一方主体，学生都需要明确该方主体在诉讼中的地位与作用，以及需要书写的法律文书。

法律文书是我国公安机关（含国家安全机关）、检察院、法院、监狱以及公证机关、仲裁机关依法制作的处理各类诉讼案件和非诉讼案件的法律文书和案件当事人、律师及律师事务所自书或代书的具有法律效力或法律意义的文书的总称。法律文书具有主旨的鲜明性、材料的客观性、内容的法定性、形式的程式性、解释的单一性以及使用的实效性等特点。① 对法科学生而言，掌握法律文书的写作方法是基本要求，也是一项基本技能。但是提高写作能力并非一朝一夕之事，需要持续的学习和练习。模拟法庭教学恰恰给学生提供了法律文书写作的锻炼机会，所有参与法庭审判的学生应当根据自己所扮演的角色，按照案件的实际需要书写相应的法律文书，如原告的起诉状、被告的答辩状、公诉人的起诉书和公诉词、辩护人的辩护词以及审判人员的判决书等。当然，指导教师必须发挥引导人和把关人的作用，对学生的法律文书进行审核和修改，使学生的文书写作能力能够在模拟法庭教学中得到锻炼和提升。

（四）培养学生对案情的分析和判断能力

面对实际案件时，无论是当事人还是审判人员，都应当具备对案情的分析和判断能力。分析、判断能力是指人对事物进行剖析、分辨以及单独观察和研究的能力。模拟法庭训练中，因为是对真实案件的模拟演练，甚至大多数案件已经经过法院的审理，现有材料非常齐全，但为了锻炼学生的综合能力，只应将基本资料交于学生，要求学生根据案件事实分析其中实体法律关系，判断法律责任。这也是对每一个从事法律实务的人员的基本要求。当然，对案情的分析和判断能力同写作能力一样，也需要持续锻炼才能达成。模拟法庭课程将实际案件材料交付学生后，要求学生进行必要的法律关系和法律适用的分析和判断，为学生提供了实际的锻炼机会。

---

① 杨欣．模拟法庭实验教程［M］．北京：中国民主法制出版社，2016：9.

（五）培养学生的证据意识

任何诉讼活动都是围绕运用证据，认定案件事实而展开的。证据对于完成各类诉讼任务、实现司法公正发挥着基础性的作用，在维护当事人合法权益以及进行社会主义法制宣传等方面具有积极的意义。很明显，证据是法院作出司法裁判的重要依据，也是决定当事人胜负的关键因素。可见，具有强烈的证据意识和较强的证明能力对法律实务人员具有非常重要的意义，甚至可能严重影响其职业生涯的发展。模拟法庭教学中，指导教师应当引导学生重视证据，让学生清楚地认识到打官司就是打证据。学生拿到案件的基本事实后，应当围绕案件的焦点问题分析，作为原告方应当掌握哪些证据才能取得胜诉的结果或者获得法院的部分支持；作为被告方需要运用哪些证据来反驳对方的主张或者指控；而法官则需要根据案件事实和证据材料来判断双方的主张。简言之，学生通过模拟法庭教学可以学会如何寻找证据和固定证据，以及在法庭调查和法庭辩论中如何举证和质证。

二、当前模拟法庭教学中存在的主要问题

模拟法庭教学中任课教师起到了引导和帮助作用，其他诸如诉讼程序的操作、文书写作等都由学生完成，最大限度地突出了学生的主体地位。正是因为其在培养学生的专业实践能力和法律思维方面不可替代的作用，模拟法庭教学模式已经被我国各高校法学院普遍采用。但在近20年的发展过程中，由于教学目标模糊和缺乏专业的课程计划，我国的模拟法庭教学中存在着一些问题，模拟法庭作为实践课程的功能并未被有效发挥。

（一）模拟法庭教学缺乏规范性

模拟法庭作为一门独立的实践课程，必须具有规范的教学制度，明确的教学目标，严密的教学大纲和教学计划，合理的教学内容，详细的操作步骤。模拟法庭的教学大纲是教学内容和结构的基本体现，是课程的总体方针，包括教学目的、教学重点、教学时间以及课程的考核与评价。模拟法庭的操作步骤是实施模拟法庭的程序及步骤，体现了任课教师如何安排具体的教学活动。目前，模拟法庭教学中存在着教学大纲内部不协调，甚至没有教学大纲的现象，教学大纲与教学内容不协调的问题也普遍存在。其中，尤为突出的问题是缺乏模拟法庭课程的评价规范，或者评价规范不合理，导致课堂教学随意性突出，影响了实际的教学

效果。

（二）模拟法庭教学范围狭窄

目前，在很多高校的模拟法庭教学中，将程序演练定位为唯一的教学目标，因此教学方法多为将案件材料，甚至是整本卷宗交给学生，学生要做的就是分配角色，并将该角色的材料记清背熟，在模拟的审判程序中照本宣科。即便如此，演练的程序也多为一审，二审和再审程序一般较少涉及。而且一审程序中也只是将案件中的内容按部就班地进行排练，而诉讼程序中的起诉、受理、开庭前的准备等环节不会涉及，庭审中的申请回避、缺席审判等问题一般也不会演练，更不会涉及执行问题。同时，由于庭审程序的程式化特点，即使学生在最初的演练中兴趣十足，但固定的程序和千篇一律地宣读材料也会逐渐地消磨掉学生学习的积极性。

（三）模拟法庭教学无法提高每一位学生的实践能力

如前文所述，模拟法庭教学的基本模式就是由指导教师组织学生展开模拟庭审。由于在庭审中所扮演的角色不同，所起到的作用自然不同。因为目前的模拟法庭主要进行的是程序演练，因此庭审中起主要作用的是审判人员，尤其是审判长，那么扮演审判长的学生得到锻炼的机会就多。当然，如同真实审判一样，民事诉讼中的原告、被告以及刑事诉讼中的被告人发言机会较少。相反，这些当事人的诉讼代理人或者辩护人以及刑事案件中的公诉人是主要的意见阐述者，因此在模拟庭审中任务较重，得到锻炼的机会也较多。此外，还有一些角色，如证人、受害人只需在特定时间出庭即可，扮演这类角色的学生无须了解程序内容。法警等角色甚至全程无须发言，扮演这类角色的学生能力根本得不到锻炼。

第三节 模拟法庭教学的运行安排

一、模拟法庭教学的基本条件

（一）制度条件

目前，模拟法庭实践训练主要有三种方式：一是单独设置的模拟法庭实验课程。作为教学方案中的独立课程，单独设置的模拟法庭实验课程在有些学校是选修课，在有些学校则是必修课。二是理论课程的实践手段。如有些学校教学方案要求，一些理论课程中需要安排一定的实践课时，做到理论与实践相结合。模拟法庭主要在刑事、民事、行政诉讼法课程中设置，由任课教师负责组织，主要目的是学习诉讼法知识，了解诉讼程序。但因为教学时间的限制，参与的学生数量有限，对学生能力的提升帮助不大。三是第二课堂的模拟法庭训练。有些学校在教师的指导下广泛开展第二课堂，模拟法庭成为第二课堂的主要训练项目，这种方式使较多的学生能够参与其中，但其缺陷在于受多种因素影响，教师的指导不能及时到位，呈现出一种学生"摸着石头过河"的状态，随意性较强。

在上述三种方式中，独立设置的模拟法庭课程无疑是最能发挥实践功能的一种，因此有条件的法学院应当专门开设模拟法庭课程，最好设置为必修课，并建立起相应的保障制度。一般而言，模拟法庭课程应当在第五、第六或者第七学期开设，这主要是因为根据课程设置，大学三年级时主要的实体法和程序法已经学过，学生已经掌握了模拟庭审所需要的基本知识；另外，在大学一年级和二年级，很多法学院（系）创设各种条件带领学生进行法庭观摩，学生对庭审已经具有了一定的感性认识；同时，经过两年的大学生活，学生已经具备了一定的综合素质，这些都为模拟法庭的顺利进行奠定了基础。当然，我们也应该认识到第二课堂的重要性，其在某种程度上扩大了学生参与实践的途径，尤其是大一和大二学生的参与。因此，加强对第二课堂的指导与监督，并将第一课堂和第二课堂有效结合更能发挥实践训练的功能。

根据实践需要，模拟法庭课程一般可分为三个阶段，主要为民事案件的模拟训练、刑事案件的模拟训练和行政案件的模拟训练。当然，各法学院系根据自身的条件也可以开展模拟仲裁庭。

（二）师资条件

配备高水平的指导教师是模拟法庭课程有效开展的必要条件。为了使学生能够学有所获，指导教师必须具有丰富的实践经验，最好是由从事兼职律师工作的教师担任。当然，教师的知识应当随着我国司法改革和发展同步更新和提高。为了达到这一目的，可以派相关教师到司法机关中工作一段时间，充分获得实践经验。国家的卓越法律人才培养中的双千计划已经为法学院系与司法机关的协作和配合提供了思路和途径。各法学院系可以进一步与法院、检察院加深合作，形成固定机制，互派人员学习。教师到司法机关中积累实践经验，法官、检察官到学校中可以为学生进行实践指导，互利互惠、合作共赢。此外，法学院系也可以聘请法官、检察官或者律师作为客座教师，指导学生进行模拟庭审。

（三）物质条件

法庭是法院代表国家审理各类诉讼案件的场所，按照《人民法院法庭规则》，不仅桌椅要摆放有序，而且要具有一些标志性物品，如国徽，审判人员及当事人、代理人的桌牌、法槌等。模拟法庭虽为模拟审判，但也应当让法科学生深刻感受到法律的至上与庄严，这有助于培养学生对法律的崇敬感和法律职业的认同感。因此，应当建立专门的模拟法庭实验室，配备真正法庭中的必备设施。对参与人员应当按照参加实际审判来要求，在着装上，合议庭成员应当穿法官服，检察官应当穿工作制服，法警穿警服，其他人员也要穿正装。同时，为了取得更好的庭审效果，在模拟法庭中应当尽量使用技术手段，如在知识产权案件中运用多媒体展示证据会使调查和质证更具直观性和明确性；有条件的法学院系可以对每次模拟庭审进行录像，既可以作为资料予以保存，为之后的教学提供参考，也有助于庭审后的评价与指导。

二、模拟法庭教学的运行程序

模拟法庭是一种模拟庭审的教学模式，这决定了模拟法庭教学一般分为如下几个步骤：选择案件；分配角色和角色小组讨论；庭前准备；正式开庭；庭后总结及评价。每一个阶段都应认真对待，积极准备，尤其是第二个环节的小组讨论更应加强。模拟法庭教学应以提高学生的综合能力为目标，避免成为单纯的程序训练。

（一）选择案件

选择合适的案件是模拟法庭的第一步，选择的案件应当契合模拟法庭教学的目的及目标。综合而言，模拟法庭课程的教学目标主要有二：一为检验学生对相关知识的掌握程度，并加深对民事、刑事和行政诉讼法的理解。当然，通过模拟审判也能够促使学生对相关实体法的内容进行再次学习。二为提高学生运用法律知识解决问题的能力。实现了上述两个目标，就向培养学生的法律思维以及作为法律人的综合素质又迈进了一步。

教师在上课之前应当对课程的进展制定完善合理的教学计划，对于每次课程都应设定教学目的，根据教学目的选择合适的案件。如在课程之初，教学目的多为熟悉诉讼程序，因此可以选择法律关系较为简单，争议不大但诉讼角色齐全的案件，如原告、被告、第三人齐备，刑事案件受害人及证人均出庭。随着课程的逐渐深入，学生越来越能够驾驭案件的审理程序，此时可以选择较为复杂的案件，涉及的法律关系较多，证据种类齐全，可以促使学生重点掌握举证、质证等关键环节，从而让学生学习诉讼技巧和诉讼策略。一般而言，选择案件需要考虑以下因素：

第一，案件存在明显的争议点。为了使庭审具有对抗性，让学生在激烈的论辩中提高能力，选择的案例必须具有明显的争议点。换言之，案件在事实认定以及法律适用上都有可阐述的空间。一方当事人在事实和法律上具有明显优势的案例不适合进行模拟庭审。

第二，案件的难度应当适中。既不能过于复杂，也不能过于简单。案件具有一定难度，能够在一定程度上激发学生的探索欲和求知欲，更能培养学生分析问题和解决问题的能力。但过于复杂的案件，学生在文书撰写和适用法律上往往无法做到得心应手，审理时间上也不易把控。过于简单的案件无法激发学生的兴趣，容易出现程序演练的结果。案件的难易程度可以通过庭审时间来控制，一般用来模拟的案件，庭审时间最好能够控制在一个半小时至三小时之间。

第三，案件尽量涉及较多的证据种类。① 证据除常见的书证、物证和证人证言外，最好鉴定笔录、勘验笔录、视听资料等也能够出现，证人要出庭作证。较多的证据种类可以使学生更好地了解各类证据的特点及运用规则，更能激发学生的学习热情。

从教学实践来看，案件多来源于法院和律师事务所，而且基本都是已经审理结案的案件，也有一些案件是从互联网上得来的，如最高人民法院的裁判文书网。无论案件的来源如何，选择的案件都应当具有典型性，能够体现某一类案件的特点。与日常生活紧密相关，尤其与学生生活具有关联性的案件应当优先选择，这样更能吸引学生的注意力，学生的参与意识更强。当然，教师也可以根据教学需要对相关案件进行加工，改变现有案情或者添加一些情节，以达到既定的教学目的。如在刑事案件中，将个人犯罪变为共同犯罪，增加自首情节或者一罪与数罪的认定等问题，使案件更具争议性，也有利于进行深入探讨。

值得注意的是，对于已经审理结案的案件，教师应当有选择地将材料发给学

---

① 陈学权. 模拟法庭实验教程［M］. 北京：高等教育出版社，2009：9.

生，而判决书、庭审记录等有确定结果的材料最好不要发给学生，避免学生产生惰性，先入为主地接受法院的判决结果，更有助于教师引导学生就现有材料对案情进行分析。指导教师在使学生树立程序正义观念的同时，更应鼓励并要求学生尽可能地去寻找现有法律规则在适用于具体案件时的漏洞和空白，并能够对此进行一定的思考。

（二）分配角色并分组讨论

由于参与模拟法庭的学生人数较多，为了使模拟法庭有序进行，可以将学生进行合理分组。根据案件情况，大体可以将学生分为法官组、公诉人组、原告组、被告组、第三人组、证人组、书记员组、诉讼代理人（辩护人）组等，每组人数在5人左右。人员的分配采取以学生自愿为主、教师指定为辅的原则。由于庭审的特殊性，审判长在组织审判、控制程序以及审判进程中起到至关重要的作用，因此在角色分派时，对审判长的选择应当严格谨慎，一般应选择专业知识扎实、心理素质稳定、控制能力以及表达能力较强的学生担任。为了让学生更深地体会不同主体在诉讼中的地位及作用，组员可以采取轮换制，如在这个案件中担任法官的学生，在下一个案件中担任公诉人、当事人或者辩护人。

每一个角色小组在组建之后，都要对"自己所扮演的角色如何进行诉讼"进行讨论和研究。讨论的内容包括分析案件中的法律关系、双方争议的焦点、己方的证据种类，如何书写己方的各类文书，如何出示证据以及如何质证，等等。教师应当对学生的研讨进行指导。应当注意的是各个角色小组的讨论应当分别进行，相互之间不能进行交流，教师的指导也应当分别进行，但教师的指导尽量不要涉及具体事实的处理，充分发挥学生的积极性和主动性。

（三）庭前准备

开庭前的准备应当严格按照诉讼法的相关规定进行，具体包括以下内容：

第一，准备庭审材料。在正式开庭前，学生应当准备好相关诉讼文书，如原告方的起诉状、被告方的答辩状、公诉词、辩护词等，教师应要求每个小组成员都要书写己方的诉讼文书，并于讨论修改后定稿。有些文书应当按照法律规定的程序，在一定的时间内传递给对方，如起诉状和答辩状。法官组的判决书一般应在合议庭评议后作出，但考虑到模拟审判的具体情况，以及保持审判的完整性，法官组学生可以事前书写判决书草稿，但强调应当根据审理的具体情况进行内容调整。在书写文书以及制定诉讼策略时，教师应当引导学生发现问题、解决问题。根据案件的具体情况，教师应当要求学生准备一套以上的方案，开庭后根据实际情况选择适用。

第二，送达文书。根据我国要求，人民法院立案后应当在法定期限内送达诉讼文书，如在5日之内将起诉状副本送达被告；原告口头起诉的，也应当将记录的口头起诉的笔录抄件发送被告。被告提交答辩状后，法院应当将答辩状副本发送原告。确定开庭时间后，应当向双方当事人发送开庭传票。这些准备工作在模拟法庭中也应当进行，最大限度保证模拟审判活动的真实性和完整性。在模拟的案件确定后，原告组的学生应当在指定时间内向法官组的学生提交起诉状，法官组的学生按照程序要求将答辩状副本和举证通知书送交被告方。对于送达的方式，指导教师可以指定，也可以由学生按照实际情况约定。

第三，召开庭前会议。根据有关司法解释，案件开庭前，庭前会议是法院进行审前准备的主要方式，审理前的主要任务均可以通过庭前会议来完成。模拟法庭的教学中，教师应当要求学生召开庭前会议，以保持程序的完整性。在庭前会议的诸项内容中，证据交换和归纳争议焦点是庭前会议乃至整个审前准备阶段的核心。在审判人员的主持下，诉讼双方可以交换各自已经持有的证据，证据交换的时间可以由双方当事人协商，合议庭同意即可实施。通过庭前会议进行证据交换，归纳确认双方当事人争议的焦点和需要提交的证据，使正式开庭审理时能够围绕这些争点对交换过的证据进行质证和辩论，以实现充实而集中的审理。

（四）正式开庭

开庭审理是模拟法庭的主要环节，在开庭审理中，应当注意以下几个问题：

第一，开庭审理应当以学生为主展开。在模拟法庭中，学生是实践活动的组织者和参与者。庭审活动应当体现以法官为中心的原则，扮演法官的学生是庭审活动的指挥者，而指导教师只是旁观者。为了保证庭审活动的连续性，指导教师不能随意打断庭审进程，审判全过程都应由学生独立完成。指导教师的主要职责是观察和记录，观察各组学生的表现，记录学生在审判进程中存在的问题。即使庭审中遇到了在讨论中没有注意的问题或者一些突发状况，如一方或者双方当事人提出审判人员应回避，或者旁听人员向审判人员提出疑问等，指导教师也不要介入，更不要中断开庭，由学生尤其是扮演法官的学生根据实际情况解决，这毫无疑问能够培养学生的应变能力以及解决问题的能力。

开庭审理中，所有参与人员都应有一种真实感、责任感和使命感，认识到自己的一言一行，均是在维护法律的神圣与尊严，维护国家或者当事人的合法权益。①

第二，提前制定应对突发情况的措施。从模拟法庭较高层次的教学目的来看，是要培养学生的法律思维和作为法律人的基本素质，因此分组后在调动学生积极性和主动性的同时，应当充分发挥学生的能动性，使学生能够对案情进行深入分析，在事实认定和程序适用上形成自己的观点。在庭审中可能出现一些突发状况，如上文所述的申请回避或者旁听学生提问等问题，也可能出现一些学生常犯的错误，如审判人员无法掌握庭审节奏、代理人或者辩护人发言冗长、庭审拖沓无序。对于这些可能出现的问题，指导教师应当有充分的估计和判断，并在前期工作中进行适当引导。如可以提示审判人员可能出现申请回避，要求学生针对该问题制定对策。有的教师选择无回避申请的设计，即直接要求学生不要提出申请，也有的教师告知学生审判员面对申请直接以理由不充分当庭驳回。在教师的不同做法中，就可能出现的问题提示学生审判员，由学生寻找解决办法并由教师把关的做法显然更能锻炼学生处理问题的能力。

第三，开庭审理中，在强调实体正确的同时，更应注意程序的公正性。指导教师应当努力使学生树立起程序公正的理念，使学生清楚地认识到程序公正对实体公正的重要意义，这样学生才能认真对待诉讼程序中的每一个步骤，从庭前的传票送达到权利告知，再到当事人的最后陈述等。

（五）庭后的总结和评价

作为观察者，指导教师应当全程参与小组讨论和开庭审理，了解学生的表现以及存在的问题。模拟结束后，指导教师应当认真组织做好总结和评价工作。合理完善的总结和评价体系不仅能够及时指出学生的问题和不足，而且能够通过纠正错误来提高学生的个体能力和素质。一般而言，总结和评价可以采取学生互评和教师总结两种形式，这也可以成为考核学生的标准。

学生互评中，先由每个小组汇报本组准备的情况，例如如何分工、彼此之间如何配合、工作完成的质量等，并对本组在庭审中的表现进行总结，如准备情况与实际开庭的不同之处并简要分析原因。其他小组的同学可以对该组学生进行评价，指出优点和缺点，甚至可以提问，被提问的同学应当回答。指导教师的总结是在自己观察和听取学生互评的基础上做出的，分为对模拟法庭整体运行做全面

---

① 杨欣.模拟法庭实验教程［M］.北京：中国民主法制出版社，2015：16.

评价和对个别同学做具体评价两部分。教师在做总结时首先要注意语言的使用，意见应当中肯，不能带有主观色彩，以防打击学生的积极性；其次应当对庭审中学生的应急处理以及独特见解给予肯定和鼓励，对于表现突出的同学应当不吝表扬。总结和评价可以从以下几个方面进行：①法律文书的写作是否规范；②程序是否合法；③语言表达是否流畅、清晰；④法律运用是否正确。

（六）资料的整理和归档

在司法实践中，每个案件审理结束后，对案件材料进行整理和归档都是法官、检察官和律师的基本工作。模拟法庭也应当做此要求。庭审结束后，关于本次模拟法庭的所有资料，包括案件材料、分组情况、小组讨论记录、学生书写的法律文书、总结材料以及教师拟定的教学目的和教学大纲等都应当进行整理和归档。既可以为日后持续开展的模拟庭审提供资料借鉴，也可以使学生的总结和分析能力在将零散杂乱的资料系统化的过程中得到锻炼和提升。

第十一章
模拟法庭实验人员的职责

　　模拟法庭虽为模拟审判，但就教学目的而言，模拟法庭就是为了使学生感受和学习真实审判的规范要求，因此模拟法庭的所有程序和实体都应当遵从真实审判的运行规则。

　　为了使更多的学生参与模拟过程，所选案例均具有一定的复杂性，案件审判都采用普通程序审理，审判人员组成合议庭，公诉人员、辩护人或者诉讼代理人一般为两人，有证人或者受害人出庭。

第一节　模拟法庭中审判人员的职责

　　根据我国三类诉讼法对于庭审模式的设定，审判长负责组织和控制整个庭审过程。根据 2002 年最高人民法院《关于人民法院合议庭工作的若干规定》的规定，结合模拟法庭的实际运行情况，对作为审判人员尤其是审判长的学生应做如下要求：

一、形式要求

　　第一，担任审判人员的学生，应当穿着法官袍。根据《人民法院法官袍穿着规定》，审判人员开庭时必须穿着法官袍。为增强学生的职业责任感，以及对法官公正审判的认同度，学生也应当身着法官袍。这就要求模拟法庭实验课程必须配备必要的装备。

　　第二，担任审判长的学生应当规范使用法槌。根据《人民法院法槌使用规定（试行）》的规定，法槌应当放在审判长的法台前方。在法律规定的情况下按照法定程序使用法槌：①宣布开庭、继续开庭时，先敲击法槌，后宣布开庭、继续开庭；②宣布休庭、闭庭时，先宣布休庭、闭庭，后敲击法槌；③宣布判决、裁定时，先宣布判决、裁定，后敲击法槌；④其他情形使用法槌时，应当先敲击法槌，后对庭审进程作出指令。审判长在使用法槌时，一般敲击一次。

第三，审判人员应当遵守法官行为规范的要求，注意自己的庭审言行和仪表，树立良好的形象。

二、实质要求

第一，作为审判长的学生应当组织合议庭成员做好审判的准备工作，主要包括确定案件审理方案、庭审提纲，协调合议庭成员的庭审分工以及做好其他必要的庭审准备工作，如安排相关人员送达文书、召开庭前会议等。

第二，主持庭审活动。庭审活动是模拟法庭的重要阶段，主要由审判长的主持完成，因此审判长的工作决定着整个模拟法庭的质量。此阶段中，审判长主要职责如下：①指挥庭审的进行，宣布开庭，核对当事人身份，告知当事人权利，询问是否申请回避，引导双方当事人进行法庭调查、法庭辩论，等等。②把控庭审节奏，控制庭审进程，在法庭调查和法庭辩论中总结双方争议焦点，引导双方当事人围绕争议焦点举证、质证，发表各自意见。③处理庭审中的突发状况，如上文所述的当事人申请回避、旁听人员提问或者其他扰乱庭审秩序的行为等。

第三，主持合议庭对案件进行评议，决定裁判结果。

第四，制作裁判文书，宣读及签发文书。案件经过合议产生最终结果后，合议庭中承办案件的法官（可能是审判长也可能是其他法官）应当及时书写并制作最终的裁判文书，并向当事人宣读签发文书。

第二节 模拟法庭中检察人员的职责

在刑事诉讼中，公诉机关为一方主体，因此必须明确检察人员在模拟法庭中主要有以下职责：

第一，支持公诉和抗诉。根据我国司法机关职责分配，公诉案件的起诉权只能由检察机关行使。因此，担任检察官的学生应当深入研究案件情况，熟悉相关法律规定，在此基础上，制作起诉书、抗诉书，及时、准确、合法地向人民法院提起公诉或者抗诉。在诉讼过程中还应当根据被告人及其辩护人的意见制作公诉词。

第二，制作庭审预案。在庭审前，作为公诉人的学生应当针对如何讯问被告人、举证、质证制定提纲。同时，通过庭前交换证据等情节了解对方的证据情况以及双方在罪与非罪、罪轻与罪重等方面争议的焦点，制定庭审辩论的策略及提纲。

第三，出庭支持公诉、抗诉。检察机关代表国家行使求刑权，指控、揭露和证实犯罪，因此法律要求检察机关必须派员出庭支持公诉或者抗诉。为提供更多的锻炼机会，模拟法庭多选取公诉案件进行模拟，由学生扮演检察人员。在庭审中，学生检察官的职责主要有以下几点：①宣读起诉书、抗诉书。庭审之初，由公诉机关宣读起诉书或者抗诉书，表明公诉机关对于被告人行为定性以及量刑的基本意见。②讯问被告人。在审判长主持下，学生检察官可以就起诉书中指控的犯罪事实讯问被告人。③向法庭举证，参加质证。学生检察官应当将己方的证据包括物证、书证、勘验笔录等向法庭出示，并就对方的证据进行质证。④发表公诉词，参加法庭辩论。

第四，进行法律监督。根据宪法规定，检察机关是我国的法律监督机关。在诉讼中，对法庭审理案件中存在的违反法定诉讼程序的行为，检察官应当记明，并在庭审后及时向检察长汇报，以人民检察院的名义向人民法院提出纠正意见。必要时，对人民法院严重违反法定程序影响司法公正的行为，可以提出抗诉。因此，模拟法庭前，教师可以要求担任公诉人的学生在庭审中监督审判人员是否有违反法定程序的行为，并在庭后的总结评价中由学生检察官提出。

第五，当庭进行法制宣传。结合案情和旁听人员的情况，学生检察官应当在法庭上通过宣读起诉书和公诉词，分析被告人犯罪的原因，促使犯罪分子改过自新，警示他人引以为戒，自觉遵守法律法规。

第三节　模拟法庭中书记员的职责

根据中共中央组织部、人事部和最高人民法院联合颁布的《人民法院书记员管理办法（试行）》的规定，书记员是审判工作的事务性辅助人员，在法官的指导下工作。模拟法庭的学生书记员主要有以下职责：

第一，办理庭前准备过程中的事务性工作。主要有送达起诉状副本、答辩状副本、起诉书等法律文书，接受当事人或者诉讼代理人的证据材料和相关法律手续，并及时交给承办案件的法官；送达开庭通知，发布开庭公告等。

第二，检查开庭时诉讼参与人的出庭情况，宣布法庭纪律。这是模拟法庭开庭时书记员的必备工作，首先查明各方当事人是否到庭，其次宣布法庭纪律，最后请审判人员入庭，并向审判长报告各方主体到庭情况。

第三，担任案件审理过程中的记录工作。包括庭审记录、合议庭评议记录以及宣判笔录。在庭审笔录中应当尽量记明对认定事实和适用法律有重要作用的内容，体现程序公正的内容也必须完整呈现。从审判长宣布开庭、告知当事人权利并询问是否申请回避，到法庭调查中引导当事人和诉讼代理人以及其他诉讼参与人呈现事实，提出证据，再到法庭辩论中总结焦点，引导双方展开辩论，这些内容都应该记录下来。庭审结束后，应当组织当事人在笔录上签字。合议庭评议笔录中应记明以下内容：评议的时间、地点、参加的合议庭成员；案由、当事人情况；合议庭成员对案件事实认定、证据采信、适用法律等方面的法律意见、理由和依据；评议结果，合议庭成员持反对或者保留意见的情况尤其应当记明。

在部分学校的模拟法庭中，学生认为模拟庭审没有必要进行记录，担任书记员的学生在完成宣读法庭纪律和请审判人员入座后就无事可做，并没有真正地进入角色，自然也不会有所收获。这种想法和做法是不正确的，模拟法庭虽为模拟庭审，但其目的是提高实践能力，如果学生仅仅将其作为一种表演，甚至游离在角色之外，模拟法庭可能就只是一场不成功的程序演练。实践中，几乎所有的模拟法庭都缺少庭审后的合议庭评议阶段，或者这一阶段在小组讨论时就已经完成，因此多数模拟法庭都没有合议庭评议笔录。由此可见，书记员的记录工作是模拟法庭教学中应当加强的方面。

第四，整理、装订、归档案卷材料。结案后，相关的案卷材料应当按照要求进行整理、装订，然后归档，这也是书记员的工作之一。在模拟法庭中，为了尽量扩大锻炼的范围，案件材料一般由各组学生提供、汇总和整理，对材料的装订和归档应当由学生书记员完成。

整体而言，应当按照上述规定严格要求学生书记员履行职责。首先，笔录应当做到字迹清晰、内容完整、全面准确；其次，核对、送达诉讼文书应当符合法律规定的时间、程序和数量；最后，整理、装订卷宗材料应当做到材料齐全、顺序规范。案卷封面内容，如案由、当事人姓名、立案时间、结案时间等应当准确填写。

第四节　模拟法庭中律师的职责

为使更多的学生参与模拟训练，无论模拟的案件是刑事、民事还是行政案件，均设置律师作为诉讼代理人或者辩护人，一般每方主体的诉讼代理人为两人。

根据《民事诉讼法》《刑事诉讼法》和《行政诉讼法》以及《律师法》的规定，根据案件性质以及代理的当事人的性质，律师在诉讼活动中可能具有诉讼代理人和辩护人两种身份。作为一种专门职业，律师具有专业性、独立性和服务性三个特点。根据法律规定，结合上述三个特点，在模拟法庭中，具有律师身份的学生应当做到以下几点：

第一，运用自己的专业知识，最大限度地维护当事人的合法权益。

第二，熟悉案件材料。将教师指定的案件材料仔细进行阅读，提炼当事人的诉讼请求，并为支持诉讼请求及案件事实准备证据材料，如指控被告人犯抢劫罪的案件，辩护人根据现有案件事实初步分析被告人行为是否构成抢劫罪，如果做无罪辩护，则需准备被告人案发时间不在现场的证据，如监控视频、出差证据、证人证言等，或者被告人属于正当防卫的证据；若做罪轻辩护，则应在承认犯罪的基础上，准备被告人有自首、立功表现或者属于防卫过当、激情犯罪等相关证据材料。

第三，在了解案件事实的基础上，分析法律关系，对对方的观点及证据进行分析和预测，并制定相应的诉讼策略。

第四，指导当事人依法行使诉讼权利，如申请回避、申请诉讼保全或者先予执行，刑事案件中的非法证据排除等。

第五，撰写辩护词、代理词等相关诉讼文书。

第六，参与法庭审理，进行法庭调查和法庭辩论，维护当事人利益。

当然，在履行上述职责时，律师应当注意自己的言行举止。仪容仪表应当整洁大方。语言应流畅清晰，尽量使用法言法语。律师工作的核心是维护当事人权益，但切记在法庭调查和法庭辩论中不能胡搅蛮缠。

第五节　模拟法庭中法警的职责

根据我国各类诉讼法以及《人民法院司法警察条例》的规定，在法庭审理中，司法警察的职责主要有：

第一，警卫法庭，维护法庭秩序。

第二，保障参与审判的人员的人身安全。有些案件中可能遇到旁听人员或者当事人情绪激动，扰乱法庭，甚至对他人造成伤害的情况，法警需要随时关注法庭秩序，阻止过激行为，保护法庭上人员的人身安全。

第三，传唤证人、鉴定人。开庭审理时，证人不能旁听审判，应在庭外等候。需出庭作证时，由法警传唤其入庭。鉴定人亦如此。

第四，传递、展示证据。在法庭调查和质证中，双方当事人出示的证据在审判人员和对方当事人之间的传递应由法警完成。

第五，制止妨害审判活动的行为。

根据上述规定，结合模拟法庭的具体情况，在模拟庭审中，学生法警应当做到以下几点：

第一，应当按照规定穿着警服，佩戴警用标志，警容严整；女法警不得化浓妆、披发以及佩戴饰物。

第二，值庭时，学生法警应当站立于审判台侧面，背向审判台、面向旁听席。根据需要采取立正、跨立姿势或者坐姿。法庭宣判时法警也应出席，一般采用立正姿势。法庭调查开始后采取坐姿。如果是刑事案件，每名被告人身后应当有两名法警看管，或站或坐于被告人两侧。出入法庭时应当齐步前进。

第三，值庭的法警接取、传递、展示证据，应注意安全。

第四，值庭时应当提高警惕，遇到突发事件应当全力以赴，沉着应对、果断处置。

第五，值庭时应当遵守法庭纪律，精神集中、举止端庄、行为文明、态度严肃。不得擅离岗位，不得侮辱或者变相体罚当事人。

第六，提押被告人时，法警之间应当禁止交谈案情。女被告人应当由女法警提押。

第七，对于违反法庭纪律、扰乱法庭秩序的人员，法警应当予以劝阻和制止。在模拟法庭中，经常出现的违反法庭纪律的行为如下：随意走动甚至进入审判区；鼓掌、喧哗或者哄闹；擅自发言、提问；使用通信工具；等等。法警一旦发现上述行为，应当及时进行制止。对于不听劝阻或者情节严重者，如哄闹、冲击法庭，侮辱、威胁、殴打参与法庭审判人员的，可以责令退出、强制带离或者强行扣押。

第六节　模拟法庭中当事人的职责

当事人是引起诉讼，请求法院支持其请求、保护其权益，并与案件审判结果具有利害关系的主体。由此可见，当事人是案件的亲历者，对案件事实非常清楚。但一般情况下，当事人不太精通法律，其合法权益的维护需要律师的帮助。当事人与案件的裁判结果具有直接的利害关系，因此具有强烈的诉讼主张和追求胜诉结果的心理。基于这种心理，当事人可能会出现隐瞒案件事实中对自己不利的内容，作为代理人的律师就应当防范因此而产生的诉讼风险。当然，也有一些案件，当事人或者被告人会因为悔罪心理而如实陈述或者供述自己行为。

在模拟法庭中，因为实验课程的模拟性，担任当事人角色的学生无法与案件结果产生法律上的利害关系，所以其行为始终带有表演性。因此，为使整个模拟庭审具有真实性，学生当事人应当尽可能地从案外人转变为案中人，从法律方面的专业人员转变为非法律专业人员。基于此，学生当事人应当做到以下几点：

第一，熟悉案件材料中当事人对案件事实的陈述和整个案件的基本情况。这不仅是对当事人的要求，也是整个模拟法庭顺利开展的基本条件。

第二，仔细揣摩和体会当事人的心理，以当事人的身份出席模拟法庭，并行使相关诉讼权利。

第三，与自己的律师商讨诉讼对策，在法庭上有效配合律师的辩护或者代理。

第四，为了使模拟庭审更具真实性，学生当事人在语言与态度上应当与案件中当事人的身份相匹配。

第七节　模拟法庭中证人的职责

　　证人的义务是如实地就自己知道的案件事实向法庭提供证言。如若有意做伪证，则应当承担相应的法律责任。因此，证人的职责就是如实作证。根据我国诉讼法的规定，了解案件事实的人应当出庭作证。在模拟法庭中，为了使学生掌握各类证据的使用规则，往往会设定证人出庭的环节，但模拟庭审的中学生证人并没有亲历案件，其所了解的案件事实均为教师所指定案例的材料显示。因此，学生证人的职责如下：

　　第一，熟悉案件材料中有关的证人证言，并在开庭时按时出庭陈述。

　　第二，学生证人在庭审时，应当根据案件中证人的身份选择合适的语言陈述案件事实。如若证人为文化程度较低的小商小贩，其语言表达应与作为教师或者国家工作人员的证人有所区别。

　　根据法律规定，证人应当如实作证，但司法实践中也会出现证人当庭推翻以前证词的现象。因此，在模拟审判中，学生证人也可以当庭否定之前的证词，但应说明翻证的理由。这样的插曲，不仅使模拟法庭具有了趣味性，也能够考验并锻炼学生审判人员以及其他人员的应变能力。

第十二章
刑事诉讼模拟法庭

刑事诉讼法庭庭审程序主要包括一审程序、二审程序、审判监督程序等内容，其中一审程序又包括一审普通程序和简易程序。刑事诉讼一审普通程序是刑事诉讼审理程序中最为完整的环节，是刑事案件模拟庭审中的重点。

第一节　刑事一审普通程序模拟法庭

一、实验目的

第一，掌握刑事起诉书、公诉词、辩护词、代理词、一审刑事判决书等诉讼文书的撰写方法。

第二，掌握我国刑事一审普通程序开庭审理的基本环节和流程。

第三，提高学生法庭语言表达和应变能力。

第四，培养证据意识和证据能力。

第五，培养并提高学生运用刑法以及刑事诉讼法分析和解决问题的能力。

二、模拟案例

（一）案例简介

2009年秋，张成、李明开始预谋抢劫××市鑫源珠宝店，两人商定先抢辆车，作为去××市的交通工具。2009年10月2日傍晚，张成、李明事先准备好刀、胶带、绳子等作案工具，在牙克石市免渡河镇抢劫了一辆黑色北京现代轿车，两人共同将女司机韩晓用绳索勒颈杀死后将尸体抛到莫拐大河里，后将车藏匿在被告人张成家。2009 年 12 月 20 日，被告人张成、李明、王斌用事先准备好的锤子等工具将×××市鑫源珠宝店北侧窗户玻璃打碎，进入珠宝店并持锤子、刨锛击打更夫李大山头部致其死亡，抢走耳环、项链等黄金首饰，共计14484.842 克。经价格鉴定，张成、李明抢劫的北京现代轿车价值人民币 11 万元；抢劫的黄金首饰价值约人民币 405 万元。

（二）案例选择原因

抢劫罪是案发率较高的犯罪种类，由于案件发生的时间多为夜晚，地点多为偏僻场所，很多案件的取证工作较为困难，对审判人员和辩护人员的能力素质有一定的考验。同时，抢劫手段的多样性使该罪的认定在理论上存在诸多争议，为学生进行理论探讨提供了空间。本案涉及为达到抢劫的目的，抢劫车辆作为交通工具，在抢劫车辆过程中又杀人等情节。同时，两被告人又存在私藏枪支等行为。案情具有一定的复杂性，可以使参与模拟的学生较好地检验和锻炼自己刑事法学的知识和能力。

（三）案例材料

1. 起诉书

内蒙古自治区××市人民检察院
（起 诉 书）
×检刑诉〔2010〕47 号

被告人张成，男，汉族，1984 年 4 月 29 日出生，身份证号码：152104×××××××121×，初中文化，捕前住内蒙古××市工业大街建滨一排 20 号，无职业，2002 年 2 月 7 日因犯抢劫罪被××市人民法院判处有期徒刑二年，犯盗窃罪被××市人民法院判处有期徒刑一年，决定执行有期徒刑三年，于 2003 年12 月 9 日被释放；2004 年 10 月 22 日因寻衅滋事被北京市人民政府劳动教养管理委员会决定劳动教养三个月，因本案于 2009 年 12 月 28 日被××市公安局刑事拘留，2010 年 1 月 25 日经×××市检察院批准逮捕，同日由××市公安局执行逮捕。

被告人李明，男，汉族，1981年2月13日出生，身份证号码：152104××
××××××121×，小学文化，捕前住内蒙古××市工业大街建北巷30102号，
无职业，无前科，因本案于2009年12月28日被××市公安局刑事拘留，2010
年1月25日经×××市检察院批准逮捕，同日被××市公安局执行逮捕。

被告人王斌，男，汉族，1986年10月10日出生，身份证号码：152104××
××××××121×，初中文化，户籍所在地：内蒙古××市工业大街建滨一排
20号，捕前住大连市。无职业，无前科，因本案于2009年12月29日被××市
公安局刑事拘留，2010年1月25日经×××市检察院批准逮捕，同日由××市
公安局执行逮捕。

本案由××市公安局侦查终结，以被告人张成、李明、王斌涉嫌抢劫罪移送
×××市检察院审查起诉，该院受理后，依法询问了被告人，并告知其有权委托
辩护人，同时告知被害人近亲属有权委托诉讼代理人，该院审查后，依照《中华
人民共和国刑事诉讼法》第二十条（二）款的规定，将本案上报我院审查起诉。

经依法审查查明：

1. 2009年秋，被告人张成、李明开始预谋抢劫××市鑫源珠宝店，二人商
定先抢辆车，作为去×××市的交通工具，于2009年10月1日傍晚，张成、李
明事先准备好刀、胶带、绳子等作案工具，在牙克石市免渡河镇抢劫了一辆黑色
北京现代轿车，二人共同将女司机韩晓用绳索勒颈杀死后将尸体抛到××莫拐大
河里，后将车藏匿在被告张成家，2009年12月20日被告人张成、李明、王斌用
事先准备好的锤子等工具将×××市鑫源珠宝店北侧窗户玻璃打碎，进入珠宝店
并持锤子、刨锛击打更夫李大山头部致其死亡，抢走耳环、项链等黄金首饰，共
计14484.842克。

经价格鉴定，张成、李明抢劫的北京现代轿车价值人民币11万元；抢劫的
黄金首饰价值约人民币405万元。

经法医鉴定：被害人韩晓系被他人用软质绳索勒颈，造成机械性窒息而亡；
被害人李大山系被他人用铁质钝器多次打击头部致重型颅脑损伤而死亡。

2. 被告人张成在其居住地私藏一支双筒猎枪、一支改制5.5口径手枪、28
发猎枪子弹，88发口径子弹，于2009年12月27日被当场缴获，经鉴定，两支
枪均足以致人死亡。

认定上述犯罪事实的证据有：被告人供述、证人证言、物证、书证、鉴定意
见、现场勘查等在卷宗佐证。

本院认为，被告人张成、李明为劫取财物，而残忍杀害女出租车司机后抛尸大河，抢劫其出租车作为抢劫金店的作案工具之后，张成、李明、王斌驾驶抢来的出租车来到扎兰屯市，在持械抢劫鑫源珠宝店的过程中，为制服更夫反抗而将其杀害，之后将金店里部分黄金首饰抢走，张成、李明、王斌的行为已触犯了《中华人民共和国刑法》第二百六十三条之规定，应当以抢劫罪追究其刑事责任，被告人张成明知是枪支、弹药而公然非法持有，其行为触犯了《中华人民共和国刑法》第一百二十八条之规定，应当以涉嫌非法持有枪支弹药罪追究其刑事责任，而被告具有《中华人民共和国刑法》第二十五条规定之情节，属共同犯罪，根据《中华人民共和国刑法》第六十九条之规定，对被告人张成应数罪并罚。根据《中华人民共和国刑法》第一百四十一条之规定，对被告人张成、李明、王斌提起公诉，请依法判处。

此致

××市中级人民法院

代理检察员：韩××

二○一○年五月二十日

附：

（1）被告人张成、李明、王斌现羁押于××市看守所。

（2）主要证据复印卷十一册。

（3）证据目录、证人名单各一份。

2. 被讯问人李明的讯问笔录（第1次）

××市人民检察院
讯问犯罪嫌疑人笔录

（第1次）

讯问时间：2010年1月18日

讯问地点：××市看守所

讯问人：青春

被讯问人：李明

记录人：王霞

问：我们是××人民检察院的工作人员，今天依法对你进行讯问，依照法律规定，你必须如实交代自己的犯罪问题，同时也可以对自己作无罪或罪轻辩解，但辩解必须实事求是地进行，否则你将承担相应的法律后果。你听清楚了吗？

答：听清楚了

问：姓名。

答：李明。

问：性别。

答：男。

问：出生年月日。

答：1981 年 2 月 13 日。

问：身份证号码。

答：152104×××××××121×。

问：籍贯。

答：内蒙古牙克石市。

问：职业。

答：无职业。

问：抢车的提议是谁先提出的？

答：是张成。

问：车是什么时候抢的？

答：大概是 2009 年 10 月 10 日。

问：在哪儿抢的？

答：牙克市免渡河镇。

问：描述一下那个车。

答：是一辆黑色北京现代。

问：杀人后你们是怎么处理现场的？

答：我们怕被人发现，就把尸体扔到了牙克石莫拐大河。

问：什么时候抢的珠宝店？

答：应该是 2009 年 12 月 20 日。

问：再具体说一下时间。

答：20 日下午 6 点半左右吧。

问：珠宝店位置。

答：×××市鑫源珠宝店。

问：你在本次抢劫行为中起到了什么作用？

答：我因家里缺钱，才跟着张成他们一起抢的，主要就是在张成砸碎玻璃以后把珠宝首饰装进袋子里，然后运上车。

问：以上笔录是否和你说的一样？

答：以上笔录我看过，和我说的一样。

3. 被讯问人李明的讯问笔录（第 2 次）

××市人民检察院
讯问犯罪嫌疑人笔录

（第 2 次）

讯问时间：2010 年 1 月 25 日

讯问地点：××市看守所

讯问人：青春

被讯问人：李明

记录人：王霞

问：我们是呼伦贝尔市××人民检察院的工作人员，今天依法对你进行讯问，你要如实回答，如果虚构事实要承担相应的法律责任，你听清楚了吗？

答：听清楚了。

问：姓名。

答：李明。

问：性别。

答：男。

问：出生年月日。

答：1981 年 2 月 13 日。

问：家庭住址。

答：牙克石市工业大街建北巷 30 排 102 号。

问：职业。

答：无职业。

问：抢车的提议是谁先提出的？

答：是张成。

问：车是什么时候抢的？

答：大概是 2009 年 10 月 10 日。

问：在哪儿抢的？

答：牙克市免渡河镇。

问：描述一下那个车。

答：是一辆黑色北京现代。

问：你们是怎么杀人的？具体描述一下！

答：当时在车里，张成坐在副驾驶座上，我们看四周无人，张成先拔出水果刀架在了她的脖子上，然后我从后面用绳子套在了司机的脖子上，往后勒，张成用胶带缠住司机的双手，将她勒晕后把她挪到了后座。之后张成叫我开车，开了一会张成叫我停车，随后他用胶带把司机连头带嘴缠了两三圈。

答：杀人后你们是怎么处理现场的？

答：我们怕被人发现，就把尸体扔到了牙克石莫拐大河。

问：什么时候抢的珠宝店？

答：应该是 20 日。

问：再具体说一下时间。

答：20 日下午 6 点半左右吧

问：珠宝店位置。

答：×××市鑫源珠宝店。

问：得手以后你们是怎么分赃的。

答：我没有分到钱。

问：以上笔录是否和你说的一样？

答：以上笔录和我说的一样！

4. 被讯问人张成的讯问笔录（第 1 次）

××市人民检察院
讯问犯罪嫌疑人笔录
（第 1 次）

讯问时间：2015 年 1 月 26 日

讯问地点：××市看守所

讯问人：青春

被讯问人：张成

记录人：王杰

问：我们是××市人民检察院的工作人员，今天依法对你进行讯问，依照法律规定，你必须如实交代自己的犯罪问题，同时也可以对自己作无罪或罪轻辩解，但辩解必须实事求是地进行，否则你将承担相应的法律后果。你听清楚了吗？

答：听清楚了。

问：介绍一下家庭的情况。

答：我的父母年龄大，家里穷，还有一个在外打工的弟弟，我和弟弟都是初中文化，早早不念书了，在社会上混。

问：你是否有过前科？

答：有过前科，2002年2月7日因犯抢劫罪被牙克石市人民法院判处有期徒刑二年，2003年12月9日刑满释放。2004年10月22日因寻衅滋事被北京市人民政府劳动教养管理委员会决定劳动教养三个月。

问：什么时候开始预谋抢劫的？

答：2009年的秋天，我手头紧，又没工作，所以萌生了抢劫的意图。2009年冬，李明从大连回来，我们一起行动作案的。

问：有了预谋抢劫的想法后，有和别人提过吗？还是自己先着手准备？

答：我和李明提过，他当时在大连，我想让他回来帮我，同时我也陆续准备工具，踩点观察选择合适时机作案。

问：为什么会抢劫×××市鑫源珠宝店？

答：附近的环境以及街道设施等我比较熟悉，而且店里的开门时间和关门时间我都清楚，店主的作息时间与工作安排我也都通过踩点了解清楚了。关键是鑫源珠宝店是×××市最大的珠宝店，里面的珠宝数量多、种类全，值钱。

问：你和李明是怎么认识的？怎么达成一起抢劫的合意的？

答：我们曾经是工友，打工认识的，我知道他也没有正式工作，是无业游民，所以我就抱着冒险试试看的心态联络他，看他愿不愿意，然后他答应了。

问：你家里有没有枪和子弹？

答：有，一支双筒猎枪、一支改制5.5口径手枪，28发猎枪子弹、88发口径子弹。

问：以上笔录是否和你说的一样？

答：以上笔录我看过，和我说的一样。

5. 现场方位图

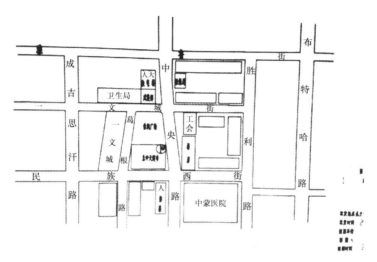

6. 尸检报告

法医学尸体检验鉴定书

（内）公（扎）鉴（尸检）字[2009]105号

一、结论

1、委托单位：扎兰屯市公安局刑警大队

2、送检人：佟永春、李俊文

3、受理日期：2009 年 12 月 20 日

4、案情摘要：呼伦贝尔市牙克石市赵鑫、赵磊、于晓刚三人预谋抢劫扎兰屯市正阳办鑫源珠宝店，2009 年 12 月 20 日 6 时 30 分许三人趁更夫钱报奎外出，砸碎落地窗户，进入店内，用刽铁、铁锤子将另一名更夫李俊江打伤，砸碎柜台玻璃，抢走大量的黄金首饰。李俊江经抢救无效于 2009 年 12 月 20 日 11 时 30 分临床死亡。

5、检验对象：

名叫大学侯江引伤，把柜台百取得，抢走大量的黄金首饰，并将致无救于 2009 年 12 月 20 日 11 时 30 分临床死亡。

5、检验对象：

姓名：李俊江　性别：男　出生日期：1952 年 5 月 21

民族：汉族　　　服务处所及职业：正阳办鑫源珠宝店

住址：扎兰屯市向阳办纸浆厂家属区 13 号楼

6、鉴定要求：死因、损伤形成机制

7、检验日期：2009 年 12 月 20 日 16 时 30 分—20 时 30 分

8、检验地点：扎兰屯市殡仪馆解剖室

二、检验

1、衣着检验：黑色圆领，前襟带有灰色、蓝色、灰白色纵条

单位名称：内蒙古扎兰屯市公安局刑事科学技术室　　电话：0470—3203122　　第 1 页

7. 枪弹检验报告

枪 弹 检 验 鉴 定 书

（呼）公（刑）鉴（枪弹）字[2010]063 号

一、绪论

1、委托单位：扎兰屯市公安局刑事科学技术室

2、送检人：潘英良、李方英

3、受理日期：2010 年 1 月 4 日

4、案情摘要：2009 年 12 月 20 日 6 时 50 分，扎兰屯市正阳办鑫源珠宝店被抢劫各种金首饰五百余万元，更夫李俊江被杀，在犯罪嫌疑人赵鑫家搜出 2 支枪，子弹 116 发。

5、检材和样本：双筒猎枪 1 支，改制口径步枪 1 支，猎枪弹 28 发，口径子弹 88 发，4 枚弹壳底部留有击针孔痕迹（已击发，其中 1 枚弹壳上弹头未能发射）。

6、鉴定要求：枪支性能鉴定

三、实验操作步骤及注意事项

根据《刑事诉讼法》的规定，根据上述案件情况完整模拟刑事诉讼一审程序。实验步骤如下：

（一）确定参与实验的人员及角色

参与实验的人数取决于案例的实际要求，角色的选定可以通过抽签和自愿报名的方式确定。无论采用何种方式分配角色，都要体现机会均等的原则，做到程序公正。如果课程学生人数较多，可以分组同时进行本实验。

上述实验案例所需人员包括审判人员 3 名，其中审判长 1 名、审判员 2 名、书记员 1 名、法警 8 人、公诉人 2 名、被告人 3 名、辩护人 6 名、鉴定人 2 名。

（二）按照选定的角色，分小组分析、讨论案情

每位参与模拟的学生确定了自己参与的案例和角色后，应当进行案件分析和讨论。首先，根据诉讼的特点，将学生分为法官组（审判人员、书记员和法警）、控诉组（公诉人、被害人及其代理人）、辩护组（被告人及其辩护人）；其次，每组内应集体进行讨论，尤其对案件中的重点、难点问题进行分析，并制定诉讼对策。扮演证人的学生需要熟悉和了解该案中证人需要作证的内容。扮演鉴定人的学生除了要熟悉鉴定书中的内容外，还应该尽可能地了解与该鉴定有关的背景知识，使自己在法庭上的回答更具专业性。

具体而言，分析讨论过程中，参与实验的学生应当做到以下内容：

1. 仔细阅读案件材料

阅卷是分析讨论的前提，阅卷的目的就是了解案情、核对证据和发现问题。一般阅卷至少要两遍，基本做到熟记于心。第一遍是通读案卷材料，了解案情；第二遍是有针对性地对重点材料进行阅读，主要是证据材料。当然，若案情复杂，阅卷的次数可能会增加。为了达到锻炼学生的目的，案例材料基本集中于侦查卷和公诉卷的内容，因此这一阶段的阅卷主要是仔细阅读公安机关的起诉意见书，初步了解案件情况和相关证据材料。

2. 阅卷后，学生应当明确的几部分内容

首先，明确本案被告人的自然情况、前科情况；其次，要了解证明被告人罪与非罪、此罪与彼罪、罪轻与罪重的证据种类与材料，证据之间能否形成完整的证据链；再次，了解被告人供述的次数，前后几次的内容是否一致，不一致的原因是什么，是否存在刑讯逼供；最后，若被告人行为构成犯罪，是否存在影响量刑的情节，如自首、立功或者累犯等。

（三）公诉组向法官组提出公诉

本阶段由公诉组的学生完成，由模拟法庭的模拟性所决定，参与人员已经熟悉案件情况，因此司法实践中公诉人审查起诉意见、移送案卷材料及证据材料的工作可以忽略。这一阶段，公诉组的学生主要负责的内容有两项：一为撰写起诉书；二为向法官组移送起诉书和证据目录以及拟出庭的证人、鉴定人名单。

应当注意的是，撰写起诉书时，要注意体现被告人行为构成犯罪，依法应当追究刑事责任的事实及证据。移送起诉书时应当按照对方人数提交相应数量的起诉书副本。

（四）法官组对起诉进行审查和处理

法官组在收到起诉组的材料后，按照法律规定进行内容审查，如案件是否属于本院管辖，是否附有能够指控被告人犯罪行为性质、情节等内容的主要证据复印件或者照片。侦查、起诉程序的各种法律手续是否齐全等可以忽略。只对起诉书指控的被告人身份，事实所涉时间、地点、手段以及影响定罪量刑的情节等是否明确；起诉书是否载明被告人被采取强制措施的情况，是否列明被害人的自然情况；是否附有起诉前收集的证据目录；是否写明辩护人、代理人的姓名、地址；附带提起民事诉讼的，是否附有相关证据材料等内容进行审查。

按照《刑事诉讼法》的规定，审查后，审判人员根据具体情况可以作出不同处理，若不属于本院管辖的或者被告人不在案的，可以退回检察机关；符合法律规定的，可以决定开庭审判。但为了使模拟法庭顺利开展，审查后一般都会进行开庭审理。

（五）法官组审理前的准备

第一，将公诉组的起诉书副本至迟在开庭前 10 日送达被告人及其辩护人。

第二，将开庭的时间、地点在开庭前 3 日通知公诉组。

第三，当事人的传票，辩护人、诉讼代理人、证人、鉴定人的通知书应当至迟在开庭前 3 日送达。在模拟庭审中，根据实际情况，送达的方式可以灵活掌握，如采用邮箱送达或者微信送达，但在材料归档时需附有相关证明。

第四，拟定庭审提纲。提纲一般应写明：①合议庭成员的分工，除审判长负责庭审程序的进行外，可以写明在法庭调查中，其他两位审判人员提出的问题；②起诉书指控犯罪事实部分的重点以及被告人行为性质和适用的法律的重点；③讯问被告人时应当了解的案情；④控辩双方拟出庭的证人、鉴定人名单；⑤控辩双方的证人证言、书证、物证等证据目录；⑥庭审中可能出现的问题及采取的措施。

（六）开庭审理

1. 书记员的准备工作

查明公诉人、当事人、证人及其他诉讼参加人是否到庭；宣读法庭纪律；请公诉人、辩护人入庭；宣布全体起立，请审判长及审判员入庭；当审判人员就座后，向审判长报告当事人及相关人员到庭情况，以及相关准备工作已经就绪。

2. 审判长宣布开庭

（1）查明被告人情况。传被告人到庭，核对被告人身份、曾经受到刑罚处罚的情况、因本案被采取强制措施的情况；是否收到起诉书副本以及收到的时间。

（2）宣布案件来源、案由，以及附带民事诉讼原告人和被告人的情况；是否公开审理。

（3）宣布合议庭组成人员、书记员、公诉人、辩护人的姓名。

（4）告知当事人、法定代理人在诉讼中享有的权利，可以申请回避，可以提出证据或者调取新的证据，可以自行辩护和最后陈述。

（5）分别讯问各方当事人是否申请回避，申请回避的理由。如果当事人申请回避，根据申请回避的理由，合议庭认为符合法律规定的，应当依照法律规定作出特定人员回避的决定；如果不符合法律规定，可以当庭驳回回避申请，继续法庭审理。如果对驳回申请的决定，当事人申请复议的，合议庭应当宣布休庭，待作出复议决定后，决定是否继续法庭审理。

3. 法庭调查

法庭调查是指在控辩双方和其他诉讼参与人参加下，在审判人员主持下，当庭对案件事实、证据进行调查核实的活动。根据我国《刑事诉讼法》的规定，法庭调查的程序、步骤以及应注意的问题如下：

（1）公诉人宣读起诉书。在审判长宣布法庭调查开始后，先由公诉人宣读起诉书，说明被告人所涉罪名的事实及证据情况；如果附带民事诉讼的，由附带民事诉讼原告人或者其诉讼代理人宣读附带民事诉讼起诉状。公诉人宣读起诉书时，应当宣读其全部内容，包括起诉书的首部和尾部。

（2）被告人陈述。公诉人宣读起诉书之后，被告人可以就自己的行为进行陈述，如果对公诉人的指控没有异议，可以陈述犯罪事实。如果对公诉人的指控进行否认，可以进行辩解。

（3）被害人陈述。如果被害人出庭的，审判长应当询问被害人是否发言。被害人可以就起诉书指控的犯罪事实以及自己被害的经过进行陈述。

（4）控辩双方讯问和询问被告人。在审判长的主持下，首先由公诉人就指控的事实讯问被告人，如就时间、地点、手段、后果、情节等对定罪量刑较为关键的因素进行讯问；其次在审判长允许后，被害人及其代理人可以对被告人进行补充发问；被告人的辩护人或者其法定代理人也可以就案件事实对被告人提问。

如果起诉书指控被告人犯有数罪的，应当就所指控的犯罪行为分别进行讯问；如果所指控的是共同犯罪，对被告人应当分别进行讯问。对于在询问或者讯问中与案件无关的问题，审判长应当制止。如果控辩双方认为对方的发问与案件无关或者发问方式不合适而提出异议的，审判长应当作出支持或者驳回的决定。

（5）控辩双方在审判长的许可下可以询问被害人。

（6）必要时，审判人员可以就案件事实讯问或者询问被告人或者被害人。

（7）询问证人、鉴定人。询问证人时，询问的内容应与案件有关，不得对证人进行诱导、威胁，不得损害证人的人格尊严。

（8）出示实物证据、宣读鉴定意见和有关笔录。先由公诉方举证，并接受质证，之后被害人及其代理人和被告人及其辩护人可以向法庭提交证据，并接受其他各方的质证。举证时，可以一次举一份或者一组证据，但都应简要说明证据证明的对象。

应当注意的是，被告人可能当庭翻供，审判人员以及其他参与人员应当作出正确反应。公诉人应当沉着冷静，通过宣读被告人在侦查阶段的口供笔录及其他证据予以证明。法官应当询问被告人翻供的原因，审查被告人前后的说法，并审查翻供后的内容与其他证据是否一致。

4. 法庭辩论

根据《刑事诉讼法》的规定，法庭辩论按照如下顺序进行：审判长宣布法庭辩论开始，公诉人发表辩论意见，被害人及其诉讼代理人发表辩论意见，被告人自行辩护，辩护人辩护。经过一轮辩论之后，双方仍然有意见要表达的，可以在审判长的主持下进行新一轮的辩论。

应当注意的是，经过庭前交换证据以及法庭调查，审判长应当敏锐地抓住并总结控辩双方的争议焦点，要求控辩双方围绕焦点进行辩论，并要善于将辩论引向深入，对于双方与案件无关的或者相互指责的发言应当予以制止。如果被害人与公诉人就被告人行为的定罪量刑存在不同意见，应当允许被害人与公诉人进行辩论。

在法庭辩论中，公诉人的第一次发言被称为公诉词，辩护人的第一次发言被称为辩护词，这是双方就被告人行为在定罪、量刑及法律适用等方面的综合意见表述。前者是在法庭调查的基础上阐明追究被告人刑事责任的观点和意见，后者是以法庭调查的事实为依据，指出公诉人的指控存在的不实或者疏漏，以证明被告人行为无罪或者罪轻，并请求法院采纳己方观点。担任公诉人和被告人以及辩护人的学生应当注意，法庭辩论的目的是说服法官，而非辩论者个人单纯地展现自己的才华和争强斗胜。因此，在辩论时应当见好就收，切忌抓住对方的漏洞穷追猛打。

5. 被告人最后陈述

在法庭辩论结束后，审判长应当宣布由被告人进行最后陈述，被告人最后陈述后，审判长宣布休庭评议，并同时说明是当庭宣判还是择期宣判。

根据《刑事诉讼法》第一百九十三条的规定，被告人的最后陈述不仅是法庭审理中的独立阶段，而且是法律赋予被告人的一项重要权利。合议庭应当保护被告人的该项权利，但若被告人在陈述中多次重复自己的意见或者有藐视法庭和公诉人，或者有其他损害他人及社会公共利益，或者与本案无关的言论，审判长应当及时制止。如果被告人在最后陈述中提出了新的事实或者证据且影响定罪量刑的，应当恢复法庭调查。若提出新的辩解理由的，必要时可以恢复法庭辩论。

6. 合议庭评议

审判长宣布休庭（同时敲击法槌）后，合议庭退庭评议。

根据有关法律规定，合议庭评议应当从以下几个方面进行：①对案情进行全面评议，确定被告人行为是否构成犯罪，是否应当追究刑事责任。作出此结论时，应当在已经查明的事实、证据和有关法律依据的基础上，充分考虑控辩双方的意见。②被告人行为构成何罪，判处何种刑罚。③有无从轻、从重、减轻或者免除处罚的情节。④附带民事诉讼如何解决。⑤赃物如何处理。

根据《刑事诉讼法》的规定，合议庭评议时，如果意见出现分歧，按照少数服从多数的原则作出处理决定，但应当将少数人的意见记入笔录，评议笔录应当由参加人员签名。一般而言，合议庭的评议结果即为审判结果，但若案件疑难复杂，合议庭成员意见分歧较大，应当将案件上报审判委员会，审判委员会的决定，合议庭应当执行。因模拟法庭中一般不设置审判委员会环节，故合议庭必须对案件作出裁决。评议时，书记员应当做好笔录，参与的学生应当签字，而且必须说明自己的意见。

合议庭评议时，先由承办案件的法官对案件事实、证据是否确实充分，以及适用法律等问题发表意见，其他审判人员发表意见后，审判长最后发言；审判长作为承办法官时，审判长最后发表意见。合议庭成员应当充分陈述意见，并对自己的意见说明理由，不能仅以同意他人意见作为表达。因为模拟法庭中不存在承办法官的问题，所以合议庭评议就是在审判长主持下，审判人员进行讨论分析即可。

结合模拟法庭的实际情况，合议庭评议结束后，根据《刑事诉讼法》的规定，可以根据情况分别作出如下判决：

（1）起诉指控的事实清楚，证据确实、充分，依据法律认定指控被告人的罪名成立的，应当作出有罪判决；

（2）起诉指控的事实清楚，证据确实、充分，指控的罪名与审理认定的罪名不一致的，应当按照审理认定的罪名作出有罪判决；

（3）案件事实清楚，证据确实、充分，依据法律认定被告人无罪的，应当判决宣告被告人无罪；

（4）证据不足，不能认定被告人有罪的，应当以证据不足、指控的犯罪不能成立，判决宣告被告人无罪；

（5）案件部分事实清楚，证据确实、充分的，应当作出有罪或者无罪的判决；对事实不清、证据不足部分，不予认定；

（6）被告人因不满十六周岁，不予刑事处罚的，应当判决宣告被告人不负刑事责任；

（7）犯罪已过追诉时效且不是必须追诉，或者经特赦令免除刑罚的，应当裁定终止审理。

7. 宣判

（1）书记员宣布："全体起立，请审判长、审判员入庭。"

（2）待审判人员入座后，书记员宣布："请坐下。"

（3）审判长宣布："现在继续开庭。"

（4）审判长宣布判决内容，包括认证结论、裁判理由和裁判结果。

（5）在审判长宣布最终审判结果前，由书记员宣布："全体起立。"

（6）审判长宣布最终结果，判决宣布完毕，审判长敲击法槌。

（7）书记员宣布："请坐下。"

（8）审判长接着告知当事人上诉权并征询当事人意见。

（9）当事人回答后，审判长宣布闭庭（敲击法槌）。

8. 宣布闭庭

（1）审判长宣布："庭审结束。现在宣布闭庭。"然后敲击法槌。

（2）书记员宣布："全体起立。"

（3）待合议庭成员退庭后，书记员宣布："诉讼参加人和旁听人员退庭。"

9. 当事人等审阅笔录并签字

（1）书记员告知诉讼参与人阅读笔录的时间和地点，能够当庭阅读笔录的，阅读之后签字。

（2）辩护人、代理人、当事人、证人、鉴定人阅读后都应签字。除被告人需捺指印外，其他人员只需手写签名。

第二节 刑事二审程序模拟法庭

一、实验目的

第一，掌握刑事上诉状、抗诉书、二审判决书、二审辩护词、代理词等诉讼文书的撰写方法。

第二，掌握我国刑事二审普通程序开庭审理的基本环节和流程。

第三，提高学生法庭语言表达和应变能力。

第四，培养证据意识和证据能力。

第五，培养并提高学生运用刑法以及刑事诉讼法分析和解决问题的能力。

二、模拟案例

案例与一审程序案例相同，可以选择案例中的部分内容上诉或者抗诉。

三、实验操作步骤及注意事项

刑事诉讼中的第二审程序又称上诉审程序，是第二审人民法院根据上诉人的上诉或者人民检察院的抗诉，就第一审程序人民法院尚未发生法律效力的判决或裁定认定的事实和适用法律进行审理时，所应当遵循的步骤和方式、方法。与一审程序相同，刑事二审模拟庭审主要集中于二审程序的启动和二审开庭审理两个主要环节。

（一）确定参与实验的人员及角色

前述案例在进行二审模拟庭审时所需学生人数与一审基本相同，只是角色名称发生变化，如上诉的被告人在二审中称为上诉人，公诉人则称为检察员等。具体如下：法官3人、书记员1人、检察员2人、法警8人、上诉人3人、辩护人6人、鉴定人2人。

应当注意的是，在二审模拟中，担任法官、书记员、法警、检察员的学生不能与一审的相同，必须更换。根据实验需要，上诉人（原审被告）、被害人、诉讼代理人、辩护人可以更换，也可以不更换。

（二）按照选定的角色，分小组分析、讨论案情

根据二审程序的特点及要求，将担任不同角色的学生分为法官组（法官、书记员、法警）、控诉组（检察员、被害人及其代理人）、辩护组（上诉人及其辩护人），就二审案件中的重点、难点问题进行分析讨论。

应当注意的是，如果是参与前述一审案件的学生继续参与二审庭审，那么案件的分析和讨论将更具有针对性。如果是没有参与前述一审案件的学生参与二审庭审，那么在分析、讨论案件之前应当阅卷，阅卷的次数和程度要求虽然因人而异，但同样应做到烂熟于心。当然，二审的阅卷与一审略有不同，应当以一审判决为切入点，对案件的整体情况做宏观了解，然后仔细阅读一审的起诉书、公诉词、辩护词以及各项证据材料。阅卷后，必须明确：一审中控方指控的罪名是什么，辩方从哪些方面进行辩护，哪些观点被法院采纳，一审判决的主要内容是什么。更重要的是，应当以此为基础总结出控辩审三方的分歧之处，然后围绕这些分歧进行讨论，拟定二审的诉讼目标和对策。

（三）二审程序的启动

二审程序的启动源于被告人的上诉或者检察院的抗诉。因此，辩护组和公诉组的学生应当针对一审的判决结果进行分析和研讨，决定是否上诉或者抗诉。当然，基于课程的需要，原则上一审中败诉的一方应当上诉或者抗诉。特定情况下，也可以由教师决定采用哪一种方式进行。

确定启动形式之后，辩护组应当撰写上诉状或者公诉组撰写抗诉书，并在法定期限内递交给法官组。

（四）庭前准备工作

根据我国《刑事诉讼法》的规定，二审审判可以采取开庭审理和不开庭审理两种方式。开庭审理，是指第二审人民法院在合议庭的主持下，由检察人员和诉讼参与人参加，通过法庭调查和辩论、评议、宣判的方式审理案件。根据相关规定，对一审认定的事实和证据有异议、可能影响定罪量刑的案件，一审判处死刑的案件，人民检察院抗诉的案件等几类案件应当开庭审理。

为了更充分地达到实验效果，模拟法庭课程的案件审理均采用开庭审理的方式进行。法官组在收到上诉状或者抗诉书后，首先，应当确定开庭审理的日期和地点。其次，将开庭通知书、开庭传票和出庭通知书在开庭前3日，分别送达检察机关、当事人和辩护人、证人、鉴定人等人员。公开审理的，还应当发布开庭公告。最后，法官组的学生应当认真阅卷，认真分析、讨论并书写开庭提纲。

（五）开庭审理

根据我国《刑事诉讼法》，除有特别规定的以外，二审程序的开庭审理规范与一审的大体相同。

1. 开庭审判前的准备

（1）书记员的工作。查明当事人是否到庭，宣布法庭纪律，请审判长及审判员入庭，并报告庭前准备情况以及当事人到庭情况，请审判长主持开庭。

（2）审判长的工作。传唤上诉人或者原审被告人并核对身份情况，然后宣布开庭，宣布案名、案由、审理程序和方式。

第一，审判长敲击法槌，然后宣布开庭。第二，宣布案名，"本庭现在审理的是抗诉机关（原公诉机关）××人民检察院指控原审被告人（上诉人）×××犯××罪一案"。第三，宣布案由和审理方式，"×××因本案，不服××人民法院与×年×月×日作出的××刑事判决，于×年×月×日向本院提起抗诉（上诉）。本院于×年×月×日受理本案。依照《刑事诉讼法》的规定，本庭按照第二审程序，公开开庭审理本案"。第四，介绍审判人员、书记员以及检察人员。如果有翻译人员，还应当介绍翻译人员。第五，告知诉讼权利，并逐一询问当事人及其代理人或者辩护人是否申请回避。若当事人提出回避，应当按照法律规定进行处理。第六，审判长宣布开始法庭调查。

应当注意的是，如果是共同犯罪中部分被告人提出上诉，或者检察院对部分被告人的定罪量刑提起抗诉的，没有提出上诉或者没有被抗诉的被告人也可以委托辩护人参与二审审理。这是因为二审法院在审理中需要对全案进行审查，综合作出评判，这势必会影响到全部被告人的权利。

2. 法庭调查

审判长宣布"现在进行法庭调查"后，法庭调查程序开始，审判长可以视情况决定是否告知法庭调查的顺序。

（1）审判长或者审判员宣读一审判决书。如果合议庭认为没有必要宣读的，也可以不宣读。

（2）上诉案件的，由上诉人或者其辩护人宣读上诉状；抗诉案件的，由抗诉机关先宣读抗诉书；如果被告人上诉的同时，检察机关也提出抗诉的，向由抗诉机关宣读抗诉书，再由上诉人或者其辩护人宣读上诉状或者陈述上诉理由。无论是上诉还是抗诉，都应当详细阐明上诉和抗诉理由，法庭调查的重点就是围绕上诉或者抗诉的理由，全面查清事实、核实证据。当然，没有上诉的其他同案犯也可以陈述意见。

（3）讯问和询问。双方阐述完意见后，审判长征询检察机关（抗诉机关）和辩护人的意见，检察机关（抗诉机关）和辩护人可以讯问或者询问原审被告人（上诉人）。合议庭也可以根据审理需要，对原审被告人（上诉人）进行讯问。审判长根据双方的上诉状或者抗诉书以及讯问、询问的结果，总结双方争议的焦点，并引导双方进行法庭调查。

（4）举证和质证。控辩双方根据法律规定当庭出示证据，说明证据的来源及证明对象。举证完毕，合议庭应当组织双方进行质证。一般而言，在一审中已经调查过的证据，若双方没有异议的，在二审中无须进行质证。

（5）宣布法庭调查结束，进入法庭辩论阶段。

3. 法庭辩论

（1）审判长宣布："现在进入法庭辩论。"

（2）控辩双方进行辩论。发言的顺序根据启动二审程序的原因会有所不同。上诉案件，先由上诉人、辩护人发言，然后检察人员、被害人发言；抗诉案件，先由检察人员发言，再由上诉人和辩护人发言；既有抗诉又有上诉的，先由检察人员发言，再由上诉人和辩护人发言。然后双方进行辩论。在第一轮辩论结束后，审判长可以视情况决定是否进行第二轮辩论。没有提起上诉或者没有被抗诉的被告人经审判长许可也可以参加法庭辩论。

与一审程序中的辩论相同，审判长应当根据法庭调查总结双方争议的焦点，然后引导双方围绕焦点展开辩论。辩论发言应当经法庭许可，且应当做到文明用语，不得使用侮辱、讽刺等语言；语速适中，既能使审判人员听清听懂，也便于书记员进行记录。

4. 上诉人或者被告人最后陈述

（1）审判长宣布由上诉人或者被告人作最后陈述。

（2）上诉人或者被告人作最后陈述。

5. 休庭、评议和宣判

（1）审判长宣布休庭。先宣布休庭后敲击法槌。如果不当庭宣判的，应当告知宣判的时间或者告知"宣判时间另行确定"。

（2）合议庭评议。如果当庭宣判的，合议庭应于休庭后立即进行评议，根据少数服从多数的原则作出裁判。评议的程序、原则和方式与一审相同。

（3）法官入庭，宣布继续开庭。书记员宣布："全体起立，请审判长、审判员入庭。"待审判人员入座后，书记员宣布："请坐下。"审判长敲击法槌，宣布："现在继续开庭。"

（4）宣判。在审判长宣布判决主文前，书记员宣布："全体起立。"宣读完毕后，审判长敲击法槌。书记员宣布："请坐下。"

（5）闭庭。审判长宣布："庭审结束。现在宣布闭庭。"然后敲击法槌。书记员宣布："全体起立。"审判人员退庭后，散庭。

6. 当事人等人员阅读笔录并签字

当事人等相关人员阅读庭审笔录并签字。

第十三章
民事诉讼模拟法庭

民事诉讼法庭庭审程序主要包括一审程序、二审程序、审判监督程序等内容，其中一审程序又包括一审普通程序和简易程序。民事诉讼一审普通程序是民事诉讼审理程序中最为完整的环节，是民事案件模拟庭审中的重点。

第一节　民事一审普通程序模拟法庭

一、实验目的

第一，掌握民事起诉状、答辩状、代理词、一审民事判决书等诉讼文书的撰写方法。

第二，掌握我国民事一审普通程序开庭审理的基本环节和流程。

第三，提高学生法庭语言表达和应变能力。

第四，培养证据意识和证据能力。

第五，培养并提高学生运用民事法律以及民事诉讼法分析和解决问题的能力。

二、模拟案例

（一）案例简介

呼和与朋友共同前往比塞塔商业街某台球厅打台球，消费结束后约晚上12

点，在乘坐电梯离开此处时，正常地按电梯开关，在电梯门打开后步入电梯，但是，电梯厢根本未上到三层，原告呼和便从三层洞口直接坠落到仍停留在一楼的电梯厢顶，致使原告呼和头部和腰部多处受伤，现要求赔偿。

（二）案例选择原因

近几年，因电梯事故引发的人身损害事件逐年增多，故该案件具有一定的典型性和代表性。本案中，被告人数较多，可以让更多的学生参与其中。

（三）案例材料

1. 起诉状

起诉状

原告：呼和，男，蒙古族，1987 年 11 月 20 日出生，户籍所在地：赤峰市巴林右旗宝日乌苏镇，居住地：呼和浩特市新城区××村，公民身份号码：15042319871120411×。

被告：黄××，新城区××台球厅业主，男，汉族，35 岁，职业：个体户，住址：呼市新城区成吉思汗大街阳光诺卡商业街××号。电话：136×××× 5780，151×××× 4677。

被告：星玛电梯有限公司。

法定代表人：黎承先。

职务：经理。

地址：大连市经济技术开发区松岚街 2 号。

电话：0411 - 3922××××，0411 - 3922××××，0411 - 3922××××。

被告：大连星玛电梯有限公司北京分公司。

负责人：李根×。

职务：经理。

地址：北京市朝阳区门外大街乙 12 号双子座大厦 1201A。

电话：139××××0487/156××××7258。

被告：呼和浩特市××物业服务有限公司。

法定代表人：张××。

职务：经理。

地址：新城区成吉思汗大街 33 号××号楼 4 号房。

电话：652××××，手机：138×××× 8863，158×××× 4936。

被告：内蒙古××房地产开发有限公司。

法定代表人：仲×刚。

职务：经理。

地址：呼市新城区人民政府××楼 216 - 217。

电话：0471 - 230××××，0471 - 230××××。

一、诉讼请求：

1. 请求人民法院依法判决被告连带赔偿原告各项损失 222492.41 元（包括医疗费 18742.54 元、误工费 30794.17 元、护理费 27847.7 元、交通费 1000 元、营养费 7200 元、住院伙食补助费 720 元、住院费 2700、后期治疗费 20000 元、残疾赔偿金 101988 元、精神抚慰金 10000 元、鉴定费 1500 元）。

2. 判令由被告连带承担原告为主张权利而支出的全部诉讼费用。

二、事实及理由：

2014 年 2 月 23 日，原告呼和与朋友共同前往新城区比塞塔商业街某台球厅打台球，消费结束后约晚上 12 点，在乘坐电梯离开此处时，正常地按电梯开关，在电梯门打开后步入电梯，但是，电梯厢根本未上到三层，原告呼和便从三层洞口直接坠落到仍停留在一楼的电梯厢顶，致使原告头部和腰部多处受伤，当场昏迷。朋友求救后，经过半个多小时，台球厅和物业公司的相关人员才将原告从电梯顶救出并送往解放军第二五三医院救治，经检查，原告呼和颅脑损伤并伴有多处软组织损伤和粉碎性骨折。医院给原告进行紧急手术治疗，术后遂留院观察治疗，但是原告呼和出院后记忆力减退、语言功能衰退，不能恢复到之前的劳动能力。目前还需要定期复查，医嘱注意休息，避免劳累、受凉，病情变化及时就诊，以及建议定期随访。原告出院后，与此电梯事故的有关单位和个人进行协商，均没有得到处理结果。经查该娱乐场所所在的物业公司为呼和浩特市××物业有限公司，该娱乐场所开发商为内蒙古××房地产开发有限公司，因此，原告呼和依据《中华人民共和国侵权责任法》第三十七条的规定认为，以上被告应依法承担连带责任，给付原告呼和医疗费 18742.54 元、误工费 30794.17 元、护理费 27847.7 元、交通费 1000 元、营养费 7200 元、住院伙食补助费 720 元、住宿费 2700 元、后期治疗费 20000 元、残疾赔偿金 101988 元、精神抚慰金 10000 元、鉴定费 1500 元，共计 222492.41 元。

此致

呼和浩特市××区人民法院

具状人：呼和

2014 年 12 月 12 日

2. 说明函

说明函

敬启者：呼和浩特市公安局暨内蒙古自治区质量技术监督局

对于 2014 年 2 月 24 日凌晨在阳光诺卡商业街发生的人员坠入电梯井事故，我司深表遗憾。为配合相关政府部门尽快查明事故原因和相关情况，现将我司了解的基本情况做如下说明。

2 月 24 日 0：20，我司员工王龙龙接到呼和浩特市××物业服务有限公司（下称"××物业"）林经理的电话，告知我们阳光诺卡商业街"王者天下"台球会所发生事故，称一名 20 岁左右青年男子从 3 楼电梯门口坠入井道，落至电梯轿厢顶，并称××物业以及台球会所的承租方（下称"承租方"）已将该受伤人员救出送医。我司员工于 2 月 24 日 0：47 抵达事故现场。在××物业陈林锁经理在场的情况下，现场观察到事故所涉及电梯的情况如下：

1. 电梯 1 至 3 层的层门均已锁闭；

2. 电梯总电源处于关闭状态；

3. 电梯外观及周边情况正常。

随后，我司员工随同××物业陈林锁经理及承租方人员在 2 月 24 日 1：10 左右赶往伤者就诊的解放军二五三医院探望伤者。当时，伤者已完成紧急救治，伤口已缝合，并已经进行了 CT、彩超及其他常规检查，伤者伤势稳定，可以自主行动及进行正常语言交流。

以上为我司知悉的事故相关情况，特此说明。我司将继续配合相关部门调查。

此致

敬礼

星玛电梯有限公司

2014 年 2 月 25 日

3. 原告诉请赔偿金额清单

费用名称	费用金额	费用计算说明	备注
医疗费	18742.54 元	依据医院各项收款凭证	治疗费及各种药费
误工费	30794.17 元	居民服务和其他服务业：36953 ÷ 12 个月 × 10 个月 = 30794.17 元	误工 10 个月
护理费	27847.7 元	1. 医院护理人员费：102.65 × 18 = 1847.7 元，家属护理费用为实际工资减少费用：2000 元； 2. 出院后护理费用为家属工资实际减少费用：24000 元	1. 住院护理 18 日； 2. 出院后护理 180 日
交通费	1000 元	以一般人员普通公共交通工具为准	
基本营养费	7200 元	参照医疗机构的意见，并按照一般人员伙食标准计算：40 元/天 × 180 天 = 7200 元	
伙食补助费	720 元	自治区国家机关一般工作人员出差伙食补助标准：40 元/天 × 18 天 = 720 元	住院 18 天
住宿费	2700 元	自治区国家机关一般工作人员出差住宿费标准：150 元/天 × 18 天 = 2700 元	住院 18 天
后期治疗费	20000 元	后期回老家赤峰治疗花费	
伤残赔偿金	101988 元	按照受诉法院所在地上年度城镇居民人均可支配收入计算：25497 × 20 年 × 20% = 101988 元	伤残等级评定为九级
精神损失费	10000 元	最高人民法院关于《确定民事侵权精神损害赔偿责任若干问题的解释》	
鉴定费	1500 元		
总计	222492.41 元		

4. 判决书

呼和浩特市××区人民法院
民事判决书

(2014) 新民一初字第 375 号

原告呼和，男，1987 年 11 月 20 日出生，蒙古族，住呼和浩特市新城区××村。

委托代理人乌云，××××律师事务所律师。

被告呼和浩特市××物业服务有限公司，住所呼和浩特市成吉思汗大街 33 号天骄领域 3 组团 9 号楼 4 号房。

法定代表人张××，该公司董事长。

委托代理人高××，该公司副总经理。

委托代理人蒋××，该公司副总经理。

被告内蒙古××房地产开发有限公司，住所呼和浩特市新城区人民政府××楼 216~217。

法定代表人仲×刚，该公司总经理。

委托代理人乔××，内蒙古××律师事务所律师。

委托代理人李××，内蒙古××律师事务所律师。

被告星玛电梯有限公司，住所地大连市经济技术开发区松岚街 2 号。

法定代表人黎××，该公司总经理。

委托代理人于××，北京××（内蒙古）律师事务所律师。

被告星玛电梯有限公司北京分公司，住所地北京市朝阳区东四环中路 78 号 7 层 8B15。

法定代表人黎××，该公司总经理。

委托代理人于××，北京××（内蒙古）律师事务所律师。

被告邢成杰，男，1963 年 11 月 15 日出生，汉族，无固定职业，住包头市昆都仑区××大街一号街坊北××栋 4 号。

委托代理人刘××，内蒙古××律师事务所律师。

委托代理人武×，内蒙古××律师事务所律师。

原告呼和诉被告呼和浩特市××物业服务有限公司、内蒙古××房地产开发有限公司生命权、健康权、身体权纠纷一案，本院于 2014 年 10 月 13 日立案受理后，依法由审判员刘哲担任审判长，同审判员李泽芳，人民陪审员王琳组成合议庭。原告呼和、被告呼和浩特市××物业服务有限公司依法向本院提交追加星玛电梯有限公司、星玛电梯有限公司北京分公司、邢成杰为被告的申请。本院经审查后，依法追加以上三人为被告，于 2014 年 12 月 18 日公开开庭进行审理。原告呼和的委托代理人乌云、被告呼和浩特市××物业服务有限公司的委托代理人高××、蒋××，被告内蒙古××房地产开发有限公司的委托代理人乔××、李××，被告星玛电梯有限公司、被告星玛电梯有限公司北京分公司的委托代理人于××、被告邢成杰的委托代理人刘××、武×到庭参加诉讼。本案现已审理终结。

原告呼和诉称，2014 年 2 月 23 日，原告与朋友共同前往新城区某台球厅打台球，消费结束后约晚上 12 点，在乘坐电梯离开此处时，正常地按电梯开关，在电梯门打开后步入电梯，但是，电梯厢根本未上到三层，原告便从三层洞口直接坠落到仍停留在一楼的电梯厢顶，致使原告头部和腰部多处受伤，当场昏迷，经朋友求救后，经过半个多小时，"诺克台球厅"和物业公司的相关人员才将原告从电梯顶救出送往解放军第二五三医院救治，经检查，原告颅脑损伤并伴有多处软组织损伤和粉碎性骨折，同时医院给原告进行紧急手术治疗，术后遂留院观察治疗，但是原告出院后记忆力减退、语言功能衰退，不能恢复到之前的劳动能力。目前还需要定期复查，注意休息，避免劳累、受凉。病情变化及时就诊，以及建议定期随访。原告出院后，与此电梯事故的有关单位和个人进行协商，均没有得到处理结果。经查该娱乐场所所在的物业公司为呼和浩特市××物业有限公司，该娱乐场所开发商为内蒙古××房地产开发有限公司，因此，原告依据《中华人民共和国侵权责任法》第三十七条的规定，以上被告应依法承担连带责任，给付原告医疗费 18742.54 元、误工费 30794.17 元、护理费 27847.7 元、交通费 1000 元、营养费 7200 元、住院伙食补助费 720 元、住宿费 2700 元、后期治疗费 20000 元、残疾赔偿金 101988 元、精神抚慰金 10000 元、鉴定费 1500 元，共计 222492.41 元。

原告为证明其主张，向本院提交了如下证据：医疗诊断证明、253 医院病历、司法鉴定意见书，电梯合格说明书图片，事故现场图片、物业公司证明、标有电梯生产者及所有者图片、证明两份、治疗、往返、休养、伙食费费用票据，物业公司出具的情况说明。

被告呼和浩特市××物业服务有限公司辩称，电梯为特种专业设备，我公司已按相关规定委托有资质的星玛电梯公司进行维修保养，并签订了协议，合同协议内容明确约定，电梯维保单位每半个月一次到达现场，按照周期保养表的标准对电梯进行检查、保养工作，并向我公司提交周期保养表，但星玛电梯并未向我公司提供周期保养表。2014年1月取得电梯检验合格证，该电梯事发当晚，我公司夜间值班人员第一时间联系维修保养单位的工作人员刘志春，并及时到达现场采取相应的措施，送至医院。我公司向新城区质量监督局提交重新检测申请，对该电梯进行查封。综上，此次发生事故是电梯保养单位未对该电梯进行保养，我公司没有能力去避免，对此事故发生，我公司不存在过错，请求法庭依法驳回原告的诉讼请求。

被告内蒙古××房地产开发有限公司辩称，一、我公司不是本案适格被告，原告依据《民法通则》第126条规定2《关于审理人身损害赔偿案件适用法律若干问题的解释》第6条第1款规定起诉被告，适用法律错误，根据《侵权责任法》相关规定，我公司作为"阳光诺卡"（台球厅所在建筑）的建设单位，并非是娱乐场所的管理人。二、"阳光诺卡"经竣工验收合格，且已过工程质量保修期，我公司无任何过错。"阳光诺卡"项目于2007年开工，2010年竣工，项目竣工后经勘查、设计、建设、施工及监理单位验收合格并交付业主使用，2010年11月16日，我公司已将娱乐场所所涉建筑销售给邢成杰，并实际交付使用。我公司在建筑工程施工交付业主之前与被告呼和浩特市××物业服务有限公司就"阳光诺卡"签订了《前期物业服务合同》并履行至今，合同约定了物业服务的范围包括电梯井，其疏于职责才导致本次事故发生。三、责任减免。原告作为一个完全民事行为能力的成年人，深夜外出娱乐应当考虑到有一定的风险存在，而其在进入电梯的时候，没有发现电梯箱并没有上升到三楼，当时只要原告稍加注意就可以避免本次事故的发生。综上，请求法庭依法驳回原告的诉讼请求。

被告内蒙古××房地产开发有限公司向本院提交如下证据：前期物业服务合同、"建设工程竣工验收备案表"、"阳光诺卡"电梯设备采购三方协议、电梯交接证明、商品房买卖合同。

被告星玛电梯有限公司北京分公司辩称，本案应该是侵权诉讼，应该有因果关系。被告公司作为电梯的生产单位是没有过错的，被告的电梯已经经过有权机关的检测合格并出具合格标志。电梯在发生事故前一个月已经进行了当年的检测，被告公司并不能构成共同侵权的责任。被告公司向本院提交了电梯使用标志、电梯定期检验报告证明其履行了检验义务。

被告星玛电梯有限公司辩称，一、根据原告追加被告公司的请求没有效力，原告追加的是大连星玛电梯北京分公司、与被告公司没有关系；二、××物业公司与被告公司是合同关系，被告只能对合同的相对方负责。

被告星玛电梯有限公司未向本院提交证据。

被告邢成杰辩称，邢成杰不是本案适格被告。本案事故是在电梯里发生的，大家一致认为邢成杰是房屋的所有权人，但是一楼即使不用电梯，也应该缴纳电梯的相关费用，原告起诉引用的法条错误；使用管理责任单位是××物业公司，邢成杰是共有人，并不是所有权人。这段时间电梯已停止，对邢成杰造成了一定损失。

被告邢成杰向本院提交如下证据：电梯定期检验报告、比塞塔商业街入住须知、业主临时公约示范文本证明。

经审理查明，2014年2月23日晚上12点，原告在新城区阳光诺卡比塞塔商业街诺卡台球厅消费结束后，从三楼乘坐电梯离开此处时，正常按电梯开关，当电梯门打开后步入电梯，因电梯厢未上到三层，原告从三层洞口坠落到仍停留在一楼的电梯箱底，致使原告头部和腰部多处受伤，当场昏迷。半个多小时后，"诺卡台球厅"的人员和物业公司的人员将原告从电梯箱顶救出，送往解放军第253医院救治。经检查原告颅脑损伤并伴有多处软组织损伤和粉碎性骨折。原告于2014年3月14日出院，出院诊断为：急性开放性颅脑损伤，右侧顶叶脑挫裂伤，右侧顶骨凹陷性粉碎性骨折，头皮裂伤，多处软组织损伤。诉讼中，经原告申请，本院委托内蒙古中泽司法鉴定中心对原告的伤情进行了司法鉴定，该中心出具鉴定意见为："被鉴定人头部损伤评定为九级伤残。"原告诉至本院，请求五被告连带给付原告医疗费18742.54元、误工费30794.17元、护理费27847.7元、交通费1000元、营养费7200元、住院伙食补助费720元、住宿费2700元、后期治疗费20000元、残疾赔偿金101988元、精神抚慰金10000元、鉴定费1500元，共计222492.41元。

另查明，2010年11月16日，被告内蒙古××房地产开发有限公司位于呼和浩特市新城区阳光诺卡比塞塔商业街商业30号楼302号房出售给被告邢成杰，被告邢成杰将该房屋出租，承租人开设"诺卡台球厅"。被告内蒙古××房地产开发有限公司与被告呼和浩特市梅江物业服务有限公司签订前期物业服务合同，约定被告呼和浩特市××物业有限公司为该小区的物业管理人。被告呼和浩特市××物业服务有限公司与被告星玛电梯有限公司北京分公司签订电梯维修保养协议，约定由被告星玛电梯有限公司北京分公司对电梯进行维修保养。2014年1月20日，设施电梯由内蒙古自治区特种设备检验进行检验并出具了电梯检验报告及电梯检验标志。

以上事实由原告提供的医疗诊断证明、253 医院病历、司法鉴定意见书，电梯合格说明书图片，事故现场图片、物业公司证明、证明两份、治疗、往返、修养、伙食费费用票据，被告内蒙古松江房地产开发有限公司向本院提交的前期物业服务合同、建设工程、竣工验收、备案表、"阳光诺卡"电梯设备采购三方协议、电梯交接证明、商品房买卖合同，被告星玛电梯有限公司北京分公司向本院提交的电梯使用标志、电梯定期检查报告及庭审笔录在卷佐证。

本院认为，宾馆、商场、银行、车站、娱乐场所等公共场所的管理人未尽到安全保障义务，造成他人损害的，应当承担侵权责任。本案中，该电梯的管理人系被告呼和浩特市××物业服务有限责任公司，其虽向本院提交了电梯维保协议及 2014 年 1 月 20 日的电梯检验标志，但未提交其进行电梯的日常维护保养的证据，因此，被告呼和浩特市××物业服务有限责任公司应向原告承担侵权责任。被告内蒙古××房地产开发有限公司已将房屋交付给业主，被告邢成杰非电梯的管理者，均不承担侵权责任。被告星玛电梯有限公司北京分公司与被告呼和浩特市××物业服务有限责任公司签订有电梯维护保养协议，按照合同的约定向被告呼和浩特市××物业有限公司承担责任，待本案生效后，双方可另行解决；被告星玛电梯有限公司系电梯的生产单位，原告无证据证明其生产的电梯有质量问题，其不承担侵权责任。原告呼和作为一个成年人，对电梯开门后电梯是否为上升应有一定的注意，原告的疏忽大意也是造成本事故发生的原因，其对事故的发生承担 20% 的责任。对原告起诉的费用，误工费中实际误工天数为 287 天，按标准为人民币 29056.2 元，交通费用本院支持在本市的部分人民币 1169 元，后期治疗费，因未实际发生，原告可在该费用发生后另行起诉；精神损失费，按相关规定，本院支持人民币 6000 元。

据此，依照《中华人民共和国侵权责任法》第十六条、第三十七条、《最高人民法院关于确定民事侵权精神损害赔偿责任若干问题的解释》第一条的规定，判决如下：

被告呼和浩特市××物业服务有限责任公司于本判决生效之日起赔偿原告呼和医疗费 18742.54 元、护理费 27847.7 元、误工费 2905.2 元、交通费 1169 元、营养费 7200 元、住院伙食补助费 720 元、伤残赔偿金 101988 元、精神损失费 6000 元，合计人民币 192723.44 元的 80% 即人民币 154178.75 元。

驳回原告呼和对被告内蒙古××房地产开发有限公司、被告邢成杰、被告星玛电梯有限公司北京分公司、被告星玛电梯有限公司的诉讼请求。

驳回原告呼和的其他诉讼请求。

如果被告未按本判决指定的期间履行给付金钱义务，应当按照《中华人民共和国民事诉讼法》第二百五十三条的规定，加倍支付延迟履行期间的债务利息。

诉讼费案件受理费人民币 1090 元由被告呼和浩特市梅江物业服务有限责任公司承担 872 元，原告呼和承担 218 元。

如不服本判决，可在接到判决书之日起十五日内，向本院递交上诉状。并按对方当事人的人数提出副本，上诉于呼和浩特市中级人民法院。

审 判 长 刘 哲

审 判 员 李泽芳

人民陪审员 王 琳

二○一五年二月十四日

书 记 员 方 玲

三、实验步骤及注意事项

（一）确定参与人员及角色

参与模拟的人数取决于案件的实际情况，根据上述案件，所需实验的角色及人数主要包括：法官 3 人、书记员 1 人、法警 1 人、原告 1 人、原告诉讼代理人 1 人、被告 4 人、被告诉讼代理人 6 人。参与实验的人员共计 17 人。

应当注意的是，模拟庭审中，在确定当事人的诉讼代理人时，如果一方当事人为多人，且各方权利利益不一致，那么其所聘请的代理人不能为同一人。

（二）分析和讨论案情

在确定参与人员及角色后，所有人员按照角色分成法官组（审判人员、书记员和法警）、原告组（原告及其诉讼代理人）、被告组（被告及其诉讼代理人）以及第三人组（第三人及其诉讼代理人）。每组学生应当先阅读案卷材料，对于事实及证据材料应当做到非常熟悉，在此基础上查找相关法律法规以及司法解释；然后每组学生应当进行集体讨论，着重针对案件中的重点、难点问题进行分析，以决定诉讼方案及对策。扮演证人角色的学生只需熟悉案件中证人证言的内容即可。小组讨论时应当指定专人做好记录，体现每位学生参与讨论的程度，这不仅对学生能够起到一定的促进作用，而且便于教师观察学生的表现，有助于课程结束时教师对学生的最终考核。虽然在模拟审判中，证人和法警的职责不涉及案件事实的认定和法律适用的判断，但基于实验教学的目的和要求，为了提高自己的诉讼能力，扮演证人和法警的学生也应当积极参与案情讨论。

法官组和原告组、被告组应当重点讨论的问题是：①本案有证据证明的事实是什么；②双方当事人的基本争议点是什么；③本案涉及哪些民事法律关系；④本案可能适用哪些民事法律。此外，原告组和被告组还应当分析对己方有利和不利的事实和证据材料有哪些。

（三）原告组提起诉讼

原告组向法官组起诉，由原告及其法定代理人共同完成。

1. 制作民事起诉状

制作起诉状前，应当分析本案是否符合起诉条件。这不仅是诉讼成立的前提，而且在其后的审判中也是对方当事人进行质证和辩论时经常会提出的争议点。根据《民事诉讼法》第一百一十九条的规定，起诉应当符合以下条件：①原告与案件具有直接的利害关系；②有明确的被告；③有具体的诉讼请求和事实、理由；④属于人民法院的受理范围和受诉法院的管辖范围。

起诉状中应当写明原被告双方的自然情况、明确的诉讼请求、案件事实及理由。同时，应当附明支持其诉讼请求的证据材料。

2. 向法官组递交民事起诉状

原告方应在规定的时间内向法官组递交书面的民事起诉状，并按照对方当事人人数提供起诉状副本。虽然《民事诉讼法》规定，当事人在书写诉状有困难的情况下，可以口头起诉，由法院记入笔录，并告知对方当事人。但基于模拟法庭的实验目的，模拟法庭均采用书面起诉状的形式，以锻炼学生撰写诉讼文书的能力。

（四）法官组对起诉进行审查和处理

法官组接到起诉状后，应当对起诉状的形式和实质内容进行审查：一方面，应当审查原告的起诉是否符合法律规定的起诉的实质要件；另一方面，应当审查原告起诉的形式要件是否合法，如起诉状的内容是否完备，如果起诉状的内容有欠缺，应当责令原告限期补正。

根据《民事诉讼法》的规定，对于经过审查的原告起诉，如果符合起诉条件的，应当在 7 日内立案；不符合起诉条件的，应当在 7 日内作出不予受理的裁定。当然，为保障模拟法庭的顺利进行，一般情况下起诉均会被受理。至于立案期限，为了教学需要，可以不严格按照法律的规定，教师可以根据实际情况指定时间。

（五）法官组审理前的准备和被告方的答辩

立案后，法官组应当做如下的准备工作：

第一，在规定时间内送达诉讼文书。向原告送达受理案件通知书，向被告送达应诉通知书，将起诉状副本送达被告方。

第二，被告方应当及时撰写答辩状，并将答辩状递交法官组，模拟法庭中均采用书面答辩的形式。法官组接到答辩状后，应当及时将答辩状副本送达原告方。

第三，告知当事人诉讼权利与合议庭组成人员。法官组应当在案件受理通知书和应诉通知书中向当事人告知有关的诉讼权利义务，也可以口头告知。如果法官组口头告知的，应当进行记录。

如前所述，模拟法庭均采用合议庭审理案件，因此根据法律规定，应当将合议庭组成人员告知当事人，以便当事人行使申请回避的权利。

第四，审核诉讼材料，主要是原告的起诉状和被告的答辩状以及各自提交的证据材料，了解双方当事人争议的焦点和需要庭审调查和辩论的主要问题。同时，法官组还需了解应当适用的有关法律或者相关专业知识。

第五，追加当事人。法官组可以根据案件情况依职权追加当事人。如果决定追加当事人的，法官组应当报告教师增加参与实验的学生，并告知原被告双方。

（六）开庭审理

1. 开庭准备

开庭准备是开庭审理的预备阶段，具体是指在正式进入实体审理前，为了保证审理的顺利进行，应当由法官组完成的准备工作。其不同于审理前的准备，具体如下：

（1）告知当事人和其他诉讼参与人出庭日期，在开庭 3 日前传票通知当事人，其他诉讼参与人用通知书通知，以便他们做好准备。

（2）发布开庭公告。模拟法庭中，法官组可以采用电子或者书面的形式在一定范围内公告当事人姓名、案由和开庭时间、地点，以便于其他人员旁听。

（3）书记员查明当事人和其他诉讼参与人是否到庭。

（4）书记员宣布法庭纪律："请大家肃静，现在宣布法庭纪律。"

（5）书记员宣布："全体起立，现在请本案审判长、审判员入庭。"

（6）书记员待审判人员就座后，宣布："全体坐下。"然后向审判长报告当事人及诉讼代理人到庭情况。

2. 宣布开庭

（1）审判长宣布开庭。先敲击法槌，然后宣布开庭，同时宣布案由、审理方式。

（2）审判长核对当事人及其他诉讼参与人身份情况。

审判长宣布，"现在核对当事人及其他诉讼参与人身份情况"。当事人按照原告方及其代理人、被告方及其代理人、第三人及其代理人的顺序向法庭陈述自己的身份情况。当事人陈述的事项包括姓名、性别、出生年月日、籍贯、职业、住所地。其中，诉讼代表人只陈述姓名、职业、住所地；法定代表人只陈述姓名、单位职务、单位住所地。诉讼代理人需陈述姓名、律师事务所名称以及代理权限。

（3）审判长依次询问当事人对对方出庭人员的身份是否有异议。若均无异议，审判长宣布各方当事人及其代理人可以参加本案诉讼。

（4）审判长宣布合议庭组成人员及书记员名单。

（5）审判长告知当事人诉讼权利和义务，主要有申请回避的权利；提出新的证据的权利；经法庭许可，可以向证人、鉴定人、勘验人发问的权利以及进行辩论和请求调解的权利。原告有放弃、变更和增加诉讼请求的权利，被告有提出反诉的权利以及最后陈述的权利等。如果当事人不能理解有关权利的内容，审判长应当用通俗易懂的语言进行解释和说明。

（6）审判长按照原告、被告、第三人的顺序依次询问当事人是否听清权利宣告以及是否申请回避。若当事人对审判人员提出回避申请，符合法律规定的，宣布休庭，待重新组成合议庭后再行开庭；不符合法律规定的，可以当庭驳回回避申请。若对审判人员之外的其他人员提出回避申请，如书记员、鉴定人、勘验人、翻译人，处理原则与对审判人员提出回避的原则相同。

3. 法庭调查

审判长宣布："现在进行法庭调查。"

（1）原告方宣读起诉状，或者口头陈述诉讼请求以及事实和理由。

（2）被告方宣读答辩状，或者口头陈述答辩内容。

（3）有独立请求权的第三人陈述请求和理由，无独立请求权的第三人针对原被告的陈述表达承认或者否认的意见。

（4）审判长根据上述陈述归纳总结本案争议的焦点。

（5）出示证据和质证，按照原告、被告、第三人的顺序依次进行。每一方出示完证据后，其他两方都可以对其证据进行质证。

当事人举证完毕，审判人员可以宣读或者出示合议庭调查收集的证据，当事人可以对该证据进行质证。最后，审判长询问当事人有无新的证据出示，是否需要向对方当事人发问。

在对法庭调查认定的事实和当事人争议的问题进行总结后，审判长宣布法庭调查结束。

4. 法庭辩论

审判长宣布："下面进行法庭辩论。"

（1）原告及其诉讼代理人发言。原告先发言，然后诉讼代理人发言。发言的内容主要是论证自己的观点和主张，驳斥被告或第三人的观点和主张。

（2）被告及其诉讼代理人发言。

（3）第三人及其诉讼代理人发言。

（4）互相辩论。

（5）审判长按照原告、被告、第三人的顺序征询当事人是否还有新的辩论意见，如果没有，则宣布法庭辩论结束。

5. 法庭调解

经过法庭调查和法庭辩论后，审判长可以征询当事人的意见，是否愿意进行调解。调解应当遵循自愿原则，有一方当事人不同意调解的，合议庭不能进行调解。

若当事人都表示愿意调解，审判长依次询问原告、被告和第三人的意见。法院也可以根据各方当事人的意见和要求提出调解方案，供当事人参考。若当事人调解意见不一致，合议庭可以讲清法律规定，帮助当事人分析各自的责任，促使各方当事人达成调解协议。若当事人意见分歧较大，无法达成一致的，合议庭应当宣布调解结束，依法进行判决，避免出现久调不决的现象。

经过调解达成协议的，当事人应当在调解协议上签字。法院应当根据协议内容制作调解书送达当事人。

6. 合议庭评议

审判长宣布："现在休庭，合议庭进行评议。"

（1）合议庭成员退庭。

（2）在审判长的主持下进行评议。评议时，先由承办法官就案件事实是否清楚、证据是否充分以及适用法律等内容发表意见，审判长最后发表意见；审判长是承办法官的，审判长最后发表意见。合议庭评议时应当制作笔录，如实记录每位成员的意见，尤其是少数不同意见。最后，合议庭成员应当在记录上签字。

7. 宣判

无论案件是否公开审理，都应当公开宣告判决。

（1）书记员宣布："全体起立，请审判长、审判员入庭。"

（2）待审判人员入座后，书记员宣布："请坐下。"

（3）审判长宣布："现在继续开庭。"

（4）审判长宣布判决内容，包括认证结论、裁判理由和裁判结果。

（5）在审判长宣布最终审判结果前，由书记员宣布："全体起立。"

（6）审判长宣布最终结果，判决宣布完毕，审判长敲击法槌。

（7）书记员宣布："请坐下。"

（8）审判长接着告知当事人上诉权并征询当事人意见。

（9）当事人回答后，审判长宣布闭庭（宣布闭庭后敲击法槌）。

第二节 民事二审程序模拟法庭

一、实验目的

第一，掌握民事上诉状、二审民事判决书、裁定书等诉讼文书的撰写方法。

第二，掌握我国民事二审普通程序开庭审理的基本环节和流程。

第三，提高学生法庭语言表达和应变能力。

第四，培养证据意识和证据能力。

第五，培养并提高学生运用民事法律以及民事诉讼法分析和解决问题的能力。

二、模拟案例

实验采用前述一审案例，案件中当事人上诉引发二审程序。

三、实验步骤及注意事项

（一）确定参与人员及角色

因为本实验采用上述一审案例，因此所需人员数量与前述相同。但部分人员的称谓会因二审程序而有所不同。上诉一方被称为上诉人，另一方则被称为被上诉人。当然，二审的审判人员、书记员和法警不能与一审相同。当事人的代理人可以与一审相同，也可以不同。若证人在一审时已经出庭，且双方对其证言没有异议，二审中证人可以不出庭。

（二）分析讨论案情

与一审相同，角色确定后，法官组（法官、书记员和法警）、原审原告组（原审原告及其诉讼代理人）、原审被告组（原审被告及其诉讼代理人）以及原审第三人组（原审第三人及其代理人）等角色小组即成立。小组成员应当在阅读原审案卷材料，尤其是一审判决书的基础上对案件中的重点、难点问题进行分析，制定诉讼策略。

阅卷中，各组学生应当明确：一审中诉讼各方当事人的主张是什么；一审各方当事人争议的焦点是什么；一审裁判是如何认定和驳斥诉讼各方的主张的；一审中认定事实的证据有哪些。在此基础上，从事实认定、法律适用等方面寻找一审判决的错误所在。

根据我国诉讼法的规定，证人只对自己了解的事实进行证明，因此不能旁听审判，更不能打探案情。但就模拟法庭而言，证人作证的内容已经确定，旁听案件和了解案情并不能影响作证效果。而且从实验目的来看，应当鼓励或者要求证人和法警参与案件的分析讨论。

（三）当事人提起上诉

原告、被告及第三人根据一审案件的判决结果，决定是否提起上诉。在模拟庭审中，要求在一审判决中败诉的一方当事人必须提起上诉，引发二审程序。特定情况下，可以由指导教师指定一方当事人上诉。

确定上诉的一方当事人，应当共同讨论上诉理由并拟定上诉状。上诉状必须围绕一审判决及对方当事人提出的事实及证据阐述其错误之处，并提出上诉理由。上诉必须在法定的上诉期内提出，对裁定不服的上诉期为 10 日，对判决不服的上诉期为 15 日。基于模拟法庭的教学需要，上诉期可以不严格按照法律规定的期限，指导教师可以根据实践情况指定。

（四）法官组对上诉进行审查

法官组收到上诉状后，应当对当事人的上诉进行审查，主要审查当事人的上诉是否符合上诉条件，即上诉人是否为本案的当事人、上诉是否在法定期限内提出。根据审查结果，作出相应结论：

第一，符合法定条件的，应当受理，并在法定期限内向各方当事人发出受理案件通知书，告知相关的诉讼权利和义务。

第二，对于符合上诉条件，但上诉状的内容有欠缺的，应当告知上诉人在指定期限内补充、更正，逾期不进行补充和更正的，裁定不予受理。

第三，对于不符合上诉条件的，裁定不予受理。

虽然在模拟法庭中，基于实验的需要，当事人上诉后，法官组均会受理，但学生法官还是应当按照法律规定对上诉进行审查，以保持程序的完整性。

（五）庭前准备和被上诉人答辩

法官组决定受理案件后，应当及时进行庭前的准备工作。

第一，法官组成员应当认真阅卷，主要是一审判决以及双方当事人争议的焦点、各方的主张及证据材料。

第二，在阅卷的基础上，决定是否开庭审理，并拟定庭审提纲。根据《民事诉讼法》的规定，法院对于二审案件可以开庭审理，也可以不开庭审理。基于模拟法庭教学需要，一律采用开庭审理。

第三，将上诉状副本送达被上诉人，被上诉人可以根据上诉状的主张和观点，撰写答辩状，也可以口头答辩。但在模拟法庭中，要求学生必须进行答辩，书写答辩状。

第四，在开庭审理3日前将开庭时间、地点通知当事人及其他诉讼参与人；如果开庭审理的，还应当发布庭审公告，告知案由、当事人姓名、单位、开庭时间、地点和方式。

第五，根据当事人的申请，决定是否诉讼保全或者先予执行。

（六）开庭审理

民事二审程序与一审基本相同

1. 开庭准备

开庭准备是开庭审理的预备阶段，具体是指在正式进入实体审理前，为了保证审理的顺利进行，应当由法官组完成的准备工作。其不同于审理前的准备，具体如下：

（1）书记员查明当事人和其他诉讼参与人是否到庭。

（2）书记员宣布法庭纪律："请大家肃静，现在宣布法庭纪律。"

（3）书记员宣布："全体起立，现在请本案审判长、审判员入庭。"

（4）书记员待审判人员就座后，宣布："全体坐下。"然后向审判长报告当事人及诉讼代理人到庭情况。

2. 宣布开庭

（1）审判长宣布开庭。先敲击法槌，然后宣布开庭，同时宣布案由、审理方式。

（2）审判长核对当事人及其他诉讼参与人身份情况。

（3）审判长宣布合议庭组成人员及书记员名单。

（4）审判长告知当事人诉讼权利和义务。

（5）审判长按照上诉人、被上诉人、第三人的顺序依次询问当事人是否听清权利宣告以及是否申请回避。若当事人对审判人员提出回避申请，符合法律规定的，宣布休庭，待重新组成合议庭后再行开庭；不符合法律规定的，可以当庭驳回回避申请。

3. 法庭调查

审判长宣布："现在进行法庭调查。"

（1）审判长概述或者宣布原审判决，并询问双方当事人是否收到其判决。

（2）上诉人宣读上诉状，或者口头陈述诉讼请求以及事实和理由。

（3）被上诉人宣读答辩状，或者口头陈述答辩内容。

（4）审判长根据上述陈述归纳总结本案争议的焦点。

（5）当事人围绕争议点出示证据和质证，具体顺序与一审相同。

当事人举证完毕，审判人员可以宣读或者出示合议庭调查收集的证据，当事人可以对该证据进行质证。最后，审判长询问当事人有无新的证据出示，是否需要向对方当事人发问。

在对法庭调查认定的事实和当事人争议的问题进行总结后，审判长宣布法庭调查结束。

4. 法庭辩论

审判长宣布："下面进行法庭辩论，请诉讼双方围绕争议焦点展开辩论。"

（1）上诉人及其诉讼代理人发言。

（2）被上诉人及其诉讼代理人发言。

（3）第三人及其诉讼代理人发言。

（4）互相辩论。

（5）审判长按照上诉人、被上诉人的顺序征询当事人是否还有新的辩论意见。如果有，在第二轮辩论开始前，审判长可以对第一轮辩论意见进行简要归纳，引导当事人进行辩论。如果没有，则宣布法庭辩论结束。

5. 法庭调解

经过法庭调查和法庭辩论后，审判长可以征询当事人的意见，是否愿意进行调解。调解应当遵循自愿原则，有一方当事人不同意调解的，合议庭不能进行调解。

若当事人都表示愿意调解，审判长依次询问上诉人、被上诉人和第三人的意见。法院也可以根据各方当事人的意见和要求提出调解方案，供当事人参考。经过调解达成协议的，当事人应当在调解协议上签字。法院应当根据协议内容制作调解书送达当事人。

6. 合议庭评议

审判长宣布："现在休庭，合议庭进行评议。"

（1）合议庭成员退庭。

（2）在审判长主持下进行评议。

7. 宣判

无论案件是否公开审理，都应当公开宣告判决。

（1）书记员宣布："全体起立，请审判长、审判员入庭。"

（2）待审判人员入座后，书记员宣布："请坐下。"

（3）审判长宣布："现在继续开庭。"

（4）审判长宣布判决内容，包括认证结论、裁判理由和裁判结果。

（5）在审判长宣布最终审判结果前，由书记员宣布："全体起立。"

（6）审判长宣布最终结果，判决宣布完毕，审判长敲击法槌。

（7）书记员宣布："请坐下。"

（8）审判长宣布闭庭（先宣布闭庭，后敲击法槌）。

第十四章
行政诉讼模拟法庭

行政诉讼主要包括一审程序、二审程序、审判监督程序等内容。行政诉讼一审普通程序是行政诉讼审理程序中最为完整的环节，是行政案件模拟庭审中的重点。

第一节　行政一审普通程序模拟法庭

一、实验目的

第一，掌握行政起诉状、答辩状、代理词、一审行政判决书等诉讼文书的撰写方法。

第二，掌握我国行政一审普通程序开庭审理的基本环节和流程。

第三，提高学生法庭语言表达和应变能力。

第四，培养证据意识和证据能力。

第五，培养并提高学生运用行政法律以及行政诉讼法分析和解决问题的能力。

二、模拟案例

（一）案例简介

吴某为一单位职工，2015 年 12 月 31 日晚与同事在某酒吧跨年聚餐，喝了两瓶啤酒。11 点多聚会结束后，吴某不顾同事劝说执意开车回家，车上还有同事张某和刘某。在经过胜利大街某路段时，从后面将因躲避非机动车道上的雪堆而绕到机动车道上的骑自行车的王某撞倒，坐在自行车后座上的王某之妻李某也摔倒在地。因天冷路滑，吴某车速不快，对王某和李某并未造成伤害，但自行车损害严重，已不能使用。王某和李某与三人理论，要求赔偿人身及自行车损失3000元。因言语激烈，几人发生肢体冲突，三人将王某和李某打成轻微伤。经酒精检测，吴某100毫升血液中酒精含量为70毫克，属于酒后驾车。山城市公安局靠山分局经过调查后，作出第008号行政处罚决定书，对吴某拘留10天，罚款1000元。对张某和刘某各拘留2天，罚款500元。吴某、张某和刘某不服该处罚决定，王某和李某也不服该行政处罚，认为处罚太轻，两方均向山城市公安局申请复议。山城市公安局2016年1月8日作出复议决定，维持靠山分局所作出的行政处罚决定。吴某、张某和刘某拟向法院提起行政诉讼。

（二）案例选择原因

酒后与人发生纠纷导致他人伤害是常发事件，在酒后与醉酒状态的认定标准上也曾有过争议，案件的选择具有一定的典型性。本案作为经过行政复议提起行政诉讼的案件，可以体现行政复议与行政诉讼的关联性。本案中原告和第三人均有多名，相应地，诉讼代理人也有多名，可以使更多的学生参与模拟法庭的角色扮演，增加学生们将理论应用于实践的机会。

（三）案例材料

1. 处罚决定书

山城市公安局靠山分局行政处罚决定书

靠公决字〔2016〕第008号

被处罚人：吴某，男，1989年9月2日生，汉族，宏祥机械厂职工，现住山城市靠山区××路××号，身份证号37011219890902×××× 。

被处罚人：张某，男，1980年6月12日生，汉族，宏祥机械厂职工，现住山城市靠山区××路××号，身份证号37011219800612×××× 。

被处罚人：刘某，男，1983年12月10日生，汉族，宏祥机械厂职工，现住山城市靠山区××路××号，身份证号37011219831210×××× 。

现查明：2015 年 12 月 31 日晚上 11 点 22 分，吴某酒后驾驶 2012 年产白色捷达车，车上载着张某和刘某。在经过胜利大街某路段时，从后面将因躲避非机动车道上的雪堆而绕到机动车道上的骑自行车的王某撞倒，坐在自行车后座上的王某之妻李某也摔倒在地，自行车全部毁损，但并未对王某和李某造成人身伤害。因赔偿问题意见不一致而发生冲突，吴某、张某和刘某将王某和李某打成轻微伤。

以上事实有我局对吴某、张某、刘某、王某、李某的询问笔录，医院的诊断证明，以及证人赵某、于某的证言为证。

根据《中华人民共和国治安管理处罚法》第××条规定，现决定给予吴某拘留 10 天，罚款 1000 元。给予张某拘留 2 天，罚款 500 元。给予刘某拘留 2 天，罚款 500 元。

被处罚人如不服本决定，可以在收到本决定书起××日内向山城市公安局或者靠山区人民政府申请行政复议或者×月内依法向人民法院提起行政诉讼。

2016 年 1 月 8 日

2. 山城市公安局行政复议决定书

山城市公安局
行政复议决定书

山公复字〔2016〕第 2 号

申请人：吴某，男，1989 年 9 月 2 日生，汉族，宏祥机械厂职工，现住山城市靠山区××路××号，身份证号 37011219890902×××。

申请人：张某，男，1980 年 6 月 12 日生，汉族，宏祥机械厂职工，现住山城市靠山区××路××号，身份证号 37011219800612×××。

申请人：刘某，男，1983 年 12 月 10 日生，汉族，宏祥机械厂职工，现住山城市靠山区××路××号，身份证号 37011219831210×××。

被申请人：山城市公安局靠山分局。

法定代表人：××，局长。

地址：山城市嵩山路。

申请人吴某、张某、刘某对被申请人山城市公安局靠山分局作出的靠公决字

〔2016〕第008号（以下简称8号《行政处罚决定书》）不服，于2016年1月20日向我局提出行政复议申请，我局受理后依法进行了审查，现已审理终结。

复议请求：请求改变被申请人作出的第8号《行政处罚决定书》，依法减轻对申请人的处罚。

申请人称：被申请人作出的第8号《行政处罚决定书》认定事实不清、处罚依据不充分，处罚过重。

被申请人辩称：申请人吴某酒后驾车撞倒受害人，事实清楚，证据确凿。因与受害人就赔偿问题没有达成一致，申请人吴某、张某和刘某就动手打人，将受害人达成轻微伤，情节恶劣。我局对三人的处罚符合法律规定，程序合法，处罚适当，请求依法维持。

经审理查明：……

本局认为：……

因此，根据《中华人民共和国行政复议法》第××条第×款之规定，本局决定：维持靠山分局2016年1月8日作出的靠公决字第008号行政处罚决定书。

申请人如不服本行政复议决定，可以在收到本行政复议决定书之日起15日向人民法院提起行政诉讼。

山城市公安局

2016年3月10日

3. 询问笔录（被询问人为吴某）

<h2 align="center">询问笔录</h2>

询问时间：2015年12月31日23时50分

询问人：赵某某

记录人：陈某

被询问人：吴某

问：我们是靠山分局的警察（出示警官证），现依法对你进行询问，请如实回答我们的问题。

答：是。

问：说说你的姓名、年龄、住址等个人情况。

答：我叫吴某，男，1989 年 9 月 2 日生，汉族，宏祥机械厂职工，现住山城市靠山区××路××号，身份证号 37011219890902××××。

问：知道我们为什么找你问话吗？

答：因为打了王某和李某。

问：什么时间打的？

答：就刚才，11 点 20 分左右。

问：为什么打他们？

答：我开车撞了他们一下，他们也没受伤，本要赔偿他们 500 元，可是他们居然要 3000 元。吵起来后就把他们打了。

问：打他们身体哪儿了？

答：不记得了，脸上、头上吧。

问：和谁一起打的？

答：张某、刘某。

问：你跟张某、刘某什么关系？

答：同事，一起吃饭，然后我送他们回家。

问：你喝酒了？

答：没喝多少，就两瓶啤酒。

问：你不知道喝酒后不允许开车吗？

答：知道，可我酒量大，两瓶啤酒没有影响。

4. 询问笔录（被询问人为张某）

询问笔录

询问时间：2015 年 12 月 31 日 23 时 50 分

询问人：渠某某

记录人：崔某

被询问人：张某

问：我们是靠山分局的警察（出示警官证），现依法对你进行询问，请如实回答我们的问题。

答：是。

问：说说你的姓名、年龄、住址等个人情况。

答：我叫张某，男，1980年6月12日生，汉族，宏祥机械厂职工，现住山城市靠山区××路××号，身份证号37011219800612×××。

问：知道我们为什么找你问话吗？

答：因为打了王某和李某。

问：什么时间打的？

答：就刚才，11点20分左右。

问：为什么打他们？

答：吴某开车撞了他们一下，我们赔偿他们500元，他们不干，要3000元。吵起来后就把他们打了。

问：打他们身体哪儿了？

答：脸上、头上。

问：和谁一起打的？

答：吴某和刘某。

问：你跟吴某、刘某什么关系？

答：同事，一起吃饭，吴某的车送我和刘某回家。

问：你喝酒了？

答：喝了点儿。

问：谁开的车？

答：吴某。

问：吴某也喝酒了？

答：喝了两瓶啤酒。

问：吴某喝了酒，你们还让他开车？

答：我们劝不住，他非要开不可。再加上他酒量比较大，以为喝两瓶啤酒没问题。

5. 询问笔录（被询问人为王某）

询问笔录

询问时间：2016年1月1日10时10分

询问人：赵某某

记录人：石某

被询问人：王某

问：我们是靠山分局的警察（出示警官证），现在就你被打的事儿依法对你进行询问，请如实回答我们的问题。

答：是。

问：说说你的姓名、年龄、住址等个人情况。

答：我叫王某，男，1970年12月10日生，汉族，农民，现住山城市靠山区××路××号，身份证号37011219701210××××。

问：你什么时间被打的？

答：昨天晚上大概11点多。

问：在哪里被打的？

答：在胜利大街工商银行门口。我接我老婆下班回家的路上。

问：说说当时的情况吧。

答：我接我老婆回家，骑自行车带着她。走到工商银行附近的时候，路上一堆雪不好走。我就骑车拐到外面的汽车道上，刚拐出来，后面就来了一辆车把我们撞倒了。

问：那怎么又打起来了？

答：我们跟他们理论，让他们赔钱。他们赔的太少，我们就打起来了。

问：他们准备赔你们多少？

答：500元，太少了。自行车报废了，不能用，我们也吓得够呛。

问：你想要多少赔偿？

答：3000元，他们不干。

问：他们打你们哪儿了？

答：脸上和头上。

问：用什么工具打的？

答：没用工具，就拳打脚踢。

问：几个人打的？

答：刚开始就司机一个人，后来从车里又下来两个。

问：现在你哪里不舒服？

答：眼睛肿了，鼻梁断了，浑身都疼。

问：你闻到他们身上有酒味吗？

答：有，很大。尤其是那个司机。

6. 询问笔录——询问证人文某的笔录

询问笔录

询问时间：2016 年 1 月 1 日 10 时 30 分

询问人：赵某某

记录人：石某

被询问人：文某

问：我们是靠山分局的警察（出示警官证），现在就你昨天晚上看到的事儿依法对你进行询问，请如实回答我们的问题。

答：是。

问：说说你的姓名、年龄、住址等个人情况。

答：我叫文某，男，1977 年 2 月 15 日生，汉族，某工厂职工，现住山城市靠山区××路××号，身份证号 37011219770215×××。

问：你什么时间看到那几个人打架的？

答：昨天晚上大概 11 点多。

问：在哪里看到的？

答：在胜利大街工商银行门口。

问：你那么晚为什么还在外面？

答：我上中夜班，11 点下班，回家路过那个地方。

问：说说当时的情况吧。

答：我骑自行车路过那儿的时候，我前面有一个男的也骑着自行车，后面带了个女的。走到工商银行附近的时候，路上一堆雪不好走。前面的男的就骑车拐到外面的汽车道上了，刚拐出来，后面就来了一辆车把他们撞倒了。

问：那怎么又打起来了？

答：骑自行车的那个男的和女的让他们赔钱。好像是他们赔的太少，就打起来了。

7. 诊断证明（略）

三、实验步骤及注意事项

（一）确定参与人员及角色

参与模拟的人数取决于案件的实际情况，根据上述案件，所需实验的角色及人数主要包括：法官 3 人、书记员 1 人、法警 1 人、原告 3 人、原告诉讼代理人 3 人、被告 1 人、被告法定代表人 1 人、被告诉讼代理人 2 人、证人 1 人、第三人（受害人）2 人、第三人诉讼代理人 2 人。参与实验的人员共计 20 人。

应当注意的是，模拟庭审中，在确定当事人的诉讼代理人时，如果一方当事人为多人，且各方权利利益不一致，其所聘请的代理人不能为同一人。

（二）分析和讨论案情

在确定参与人员及角色后，所有人员按照角色分成法官组（审判人员、书记员和法警）、原告组（原告及其诉讼代理人）、被告组（被告及其诉讼代理人）以及第三人组（第三人及其诉讼代理人）。

第一，每组学生应当先阅读案卷材料，对于事实及证据材料应当做到非常熟悉，在此基础上查找相关法律法规以及司法解释。

第二，每组学生应当进行集体讨论，着重针对案件中的重点、难点问题进行分析，以决定诉讼方案及对策。

第三，扮演证人的角色只需熟悉案件中证人证言的内容即可。

第四，小组讨论时应当指定专人做好记录，体现每位学生参与讨论的程度，这不仅对学生能够起到一定的促进作用，而且便于教师观察学生的表现，有助于课程结束时教师对学生的最终考核。为了提高自己的诉讼能力，证人和法警也应当积极参与案情讨论。

根据行政诉讼的特征，参与实验的学生应当重点讨论的问题是：①被告的相关行政行为是否具有可诉性；②该行政行为的事实根据和法律依据是否充分；③被告作出行政行为是否符合法律规定的程序；④本案可能适用哪些行政法律。此外，原告组和被告组还应当分析，对己方有利和不利的事实和证据材料有哪些。

（三）原告组提起诉讼

原告组向法官组起诉，由原告及其法定代理人共同完成。

1. 分析研究案情

关键是要分析本案的起诉是否符合法定条件。即原告是认为行政行为侵犯其合法权益的公民、法人或者其他组织；有明确的被告；具有具体的诉讼请求和事实依据；属于法院的受案范围和受诉法院管辖。

2. 制作行政起诉状

起诉状中应当写明原被告双方的自然情况、明确的诉讼请求、案件事实及理由。同时，应当附明支持其诉讼请求的证据材料。

3. 向法官组递交行政起诉状

原告方应在规定的时间内向法官组递交书面的行政起诉状，并按照对方当事人人数提供起诉状副本。

递交起诉状应当在法定的期限内进行。根据《行政诉讼法》的规定，对于行政复议仍不服的，其起诉期限是从收到行政复议决定之日起 15 日内；直接向法院提起诉讼的，其起诉期限是从知道作出具体行政行为之日起 3 个月内，法律另有规定的除外。鉴于模拟法庭的教学需求，起诉期限和审判期限不可能完全按照法律规定的时间进行，但为了培养学生的诉讼期间观念，实验时应要求学生明确法律规定的各种诉讼期间。如果起诉是由代理人代为进行的，还必须向法院递交委托代理手续等材料。

（四）法官组对起诉进行审查和处理

第一，法官组接到起诉状后，应当对起诉状的形式和实质内容进行审查：一方面，应当审查原告的起诉是否符合法律规定的起诉的实质要件；另一方面，应当审查原告起诉的形式要件是否合法，如起诉状的内容是否完备，如果起诉状的内容有欠缺，应当责令原告限期补正。

第二，根据审查作出处理。根据《行政诉讼法》的规定，对于经过审查的原告起诉，如果符合起诉条件的，应当在 7 日内立案；不符合起诉条件的，应当在 7 日内作出不予受理的裁定。当然，为保障模拟法庭的顺利进行，一般情况下起诉均会被受理。至于立案期限，为了教学需要，可以不严格按照法律的规定，教师可以根据实际情况指定时间。

应当注意的是，根据《行政诉讼法》的规定，人民法院审理行政案件，必须由审判人员组成合议庭，或者由审判员和陪审员组成合议庭，不能由审判员一人独任审理。

（五）法官组审理前的准备和被告组的答辩

立案后，法官组应当做如下的准备工作：

第一，在规定时间送达诉讼文书。向原告送达受理案件通知书，向被告送达应诉通知书，将起诉状副本送达被告方。

第二，被告方应当及时撰写答辩状，并将答辩状递交法官组，模拟法庭中均采用书面答辩的形式。法官组接到答辩状后，应当及时将答辩状副本送达原告方。

第三，告知当事人诉讼权利与合议庭组成人员。法官组应当在案件受理通知书和应诉通知书中向当事人告知有关的诉讼权利义务，也可以口头告知。如果法官组口头告知的，应当进行记录。

如前所述，模拟法庭均采用合议庭审理案件，因此根据法律规定，应当将合议庭组成人员告知当事人，以便当事人行使申请回避的权利。

第四，审核诉讼材料，主要是原告的起诉状和被告的答辩状以及各自提交的证据材料，了解双方当事人争议的焦点和需要庭审调查和辩论的主要问题。同时，法官组还需了解应当适用的有关法律或者相关专业知识。

（六）开庭审理

1. 开庭准备

（1）告知当事人和其他诉讼参与人出庭日期，在开庭3日前传票通知当事人，其他诉讼参与人用通知书通知，以便于他们做好准备。

（2）发布开庭公告。

（3）书记员查明当事人和其他诉讼参与人是否到庭。

（4）书记员宣布法庭纪律："请大家肃静，现在宣布法庭纪律。"

（5）书记员宣布："全体起立，现在请本案审判长、审判员入庭。"

（6）书记员待审判人员就座后，宣布："全体坐下。"然后向审判长报告当事人及诉讼代理人到庭情况。

2. 宣布开庭

（1）审判长宣布开庭。先敲击法槌，然后宣布开庭，同时宣布案由、审理方式。如"原告×××因不服被告……（时间和被诉行政行为），于××××年×月×日向本院提起诉讼，本院于××××年×月×日决定受理本案。现根据《中华人民共和国行政诉讼法》第五十四条之规定，进行公开审理。"

（2）审判长核对当事人及其他诉讼参与人身份情况。审判长宣布："现在核对当事人及其他诉讼参与人身份情况。"当事人按照原告方及其代理人、被告方及其代理人、第三人及其代理人的顺序向法庭陈述自己的身份情况。

（3）审判长依次询问当事人对对方出庭人员的身份是否有异议。若均无异议，审判长宣布各方当事人及其代理人可以参加本案诉讼。

（4）审判长宣布合议庭组成人员及书记员名单。

（5）审判长告知当事人诉讼权利和义务。

（6）审判长按照原告、被告、第三人的顺序依次询问当事人是否听清权利宣告以及是否申请回避。若当事人对审判人员提出回避申请，符合法律规定的，宣布休庭，待重新组成合议庭后再行开庭；不符合法律规定的，可以当庭驳回回避申请。若对审判人员之外的其他人员提出回避申请，如书记员、鉴定人、勘验人、翻译人，处理原则与对审判人员提出回避的原则相同。

3. 法庭调查

审判长宣布："现在进行法庭调查。"

（1）原告方宣读起诉状，或者口头陈述诉讼请求以及事实和理由。

（2）被告方宣读答辩状，或者口头陈述答辩内容。

（3）第三人陈述请求和理由。

（4）审判长根据上述陈述归纳总结本案争议的焦点。

（5）出示证据和质证，按照原告、被告、第三人的顺序依次进行。每一方出示完证据后，其他两方都可以对其证据进行质证。

当事人举证完毕，审判人员可以宣读或者出示合议庭调查收集的证据，当事人可以对该证据进行质证。最后，审判长询问当事人有无新的证据出示，是否需要向对方当事人发问。在对法庭调查认定的事实和当事人争议的问题进行总结后，审判长宣布法庭调查结束。

应当注意以下内容。

第一，在行政诉讼中，被告承担举证责任。根据《行政诉讼法》的规定，被告对作出的具体行政行为，应当提供作出该具体行政行为的证据和所依据的规范性文件。

第二，行政案件的模拟中，有证人的，应当出庭作证。证人出庭作证应遵守如下程序：

一是申请和传唤。当事人申请证人出庭的，应当在举证期限内向法庭提出。经合议庭同意，由法院在开庭3日前向证人送达传票。

二是保证。证人出庭就座后，审判长要请证人报告本人的基本情况，并说明其与当事人的关系；告知证人其权利义务，尤其是作伪证应当承担的法律责任，然后请证人在保证书上签字或者当庭保证。

三是作证。证人就其所知道的案件事实向法庭陈述；申请传唤证人的一方当事人向证人发问；最后对方当事人及其代理人向证人发问。合议庭认为必要，也可以向证人发问。

四是退庭。作证完毕，审判长宣布："请证人退庭。"

第三，原告和第三人可以要求相关行政执法人员作为证人出庭作证，如在对现场笔录的合法性或者真实性存在异议，或者对行政执法人员身份的合法性存在异议，都可以向法庭申请行政执法人员出庭作证。

第四，对书证、物证和视听资料进行质证时，当事人应当出示证据的原件或者原物。在法律规定的情形下，可以出示复印件、复制品。视听资料应当当庭播放或者显示，并由当事人质证。

4. 法庭辩论

审判长宣布："下面进行法庭辩论。"

（1）原告及其诉讼代理人发言。原告先发言，然后诉讼代理人发言。发言的内容主要是论证自己的观点和主张，驳斥被告或第三人的观点和主张。

（2）被告及其诉讼代理人发言。

（3）第三人及其诉讼代理人发言。

（4）互相辩论。

（5）审判长按照原告、被告、第三人的顺序征询当事人是否还有新的辩论意见，如果没有，则宣布法庭辩论结束。

5. 当事人最后陈述

审判长宣布："下面由当事人作最后陈述。"随后按照原告、被告、第三人的顺序进行最后陈述。

6. 合议庭评议

审判长宣布："现在休庭，合议庭进行评议。"

（1）合议庭成员退庭。

（2）在审判长的主持下进行评议。评议时，先由承办法官就案件事实是否清楚、证据是否充分以及适用法律等内容发表意见，审判长最后发表意见；审判长是承办法官的，审判长最后发表意见。合议庭评议时应当制作笔录，如实记录每位成员的意见，尤其是少数不同意见。最后，合议庭成员应当在记录上签字。

7. 宣判

无论案件是否公开审理，都应当公开宣告判决。

（1）书记员宣布："全体起立，请审判长、审判员入庭。"

（2）待审判人员入座后，书记员宣布："请坐下。"

（3）审判长宣布："现在继续开庭。"

（4）审判长宣布判决内容，包括认证结论、裁判理由和裁判结果。

（5）在审判长宣布最终审判结果前，由书记员宣布："全体起立。"

（6）审判长宣布最终结果，判决宣布完毕，审判长敲击法槌。

（7）书记员宣布："请坐下。"

（8）审判长接着告知当事人上诉权并征询当事人意见。

（9）当事人回答后，审判长宣布闭庭（敲击法槌）。

第二节　行政二审程序模拟法庭

一、实验目的

第一，掌握行政上诉书、答辩状、二审行政判决书、裁定书等诉讼文书的撰写方法。

第二，掌握我国行政二审普通程序开庭审理的基本环节和流程。

第三，提高学生法庭语言表达和应变能力。

第四，培养证据意识和证据能力。

第五，培养并提高学生运用行政法律以及行政诉讼法分析和解决问题的能力。

二、模拟案例

实验采用前述一审案例，案件中当事人上诉引发二审程序。

三、实验步骤及注意事项

（一）确定参与人员及角色

因为本实验采用上述一审案例，因此所需人员数量与前述相同。但部分人员的称谓会因二审程序而有所不同。上诉的一方被称为上诉人，另一方则被称为被上诉人。当然，二审的审判人员、书记员和法警不能与一审相同。当事人的代理人可以与一审相同，也可以不同。若证人在一审时已经出庭，且双方对其证言没有异议，二审中证人可以不出庭。

（二）分析讨论案情

与一审相同，角色确定后，法官组（法官、书记员和法警）、原审原告组（原审原告及其诉讼代理人）、原审被告组（原审被告及其诉讼代理人）以及原审第三人组（原审第三人及其代理人）等角色小组即成立。小组成员应当对在阅读原审案卷材料，尤其是一审判决书的基础上对案件中的重点、难点问题进行分析，制定诉讼策略。阅卷时应当以一审判决为切入点，在通读一审判决书的基础上，阅读上诉状、一审双方代理词，以掌握诉讼双方以及一审法官的基本观点和思路。

阅卷中，各组学生应当明确：一审中诉讼各方当事人的主张是什么；一审各方当事人争议的焦点是什么；一审裁判是如何认定和驳斥诉讼各方主张的；一审中认定事实的证据有哪些。在此基础上，从事实认定、法律适用等方面寻找一审判决的错误所在。

（三）当事人提起上诉

原告、被告及第三人根据一审案件的判决结果，决定是否提起上诉。在模拟庭审中，要求在一审判决中败诉的一方当事人必须提起上诉，引发二审程序。特定情况下，可以由指导教师指定一方当事人上诉。

确定上诉的一方当事人，应当共同讨论上诉理由并拟定上诉状。上诉状必须围绕一审判决及对方当事人提出的事实及证据阐述其错误之处，并提出上诉理由。上诉必须在法定的上诉期内提出，对裁定不服的上诉期为 10 日，对判决不服的上诉期为 15 日。基于模拟法庭的教学需要，上诉期可以不严格按照法律规定的期限，指导教师可以根据实践情况指定。但是为了培养学生的诉讼期间观念，应当要求学生注意诉讼文书递交的时间。

（四）法官组对上诉进行审查

法官组收到上诉状后，应当对当事人的上诉进行审查，主要审查当事人的上诉是否符合上诉条件，即上诉人是否为本案的当事人、上诉是否在法定期限内提出。根据审查结果，作出相应结论：

第一，符合法定条件的，应当受理，并在法定期限内向各方当事人发出受理案件通知书，告知相关的诉讼权利和义务。

第二，对于符合上诉条件，但上诉状的内容有欠缺的，应当告知上诉人在指定期限内补充、更正，逾期不进行补充和更正的，裁定不予受理。

第三，对于不符合上诉条件的，裁定不予受理。

虽然在模拟法庭中，基于实验的需要，当事人上诉后，法官组均会受理，但作为学生法官还是应当按照法律规定对上诉进行审查，以保持程序的完整性。

（五）庭前准备和被上诉人答辩

法官组决定受理案件后，应当及时进行庭前的准备工作。

第一，法官组成员应当认真阅卷，主要是一审判决以及双方当事人争议的焦点、各方的主张及证据材料。

第二，在阅卷的基础上，决定是否开庭审理，并拟定庭审提纲。根据《行政诉讼法》的规定，法院对于二审案件既可以开庭审理，也可以不开庭审理。基于模拟法庭教学需要，一律采用开庭审理。

第三，将上诉状副本送达被上诉人，被上诉人既可以根据上诉状的主张和观点，撰写答辩状，也可以口头答辩。但在模拟法庭中，要求学生必须进行答辩，书写答辩状。被上诉人在确定期限内将答辩状递交法官组。

第四，在开庭审理 3 日前将开庭时间、地点通知当事人及其他诉讼参与人；如果开庭审理的，还应当发布庭审公告，告知案由、当事人姓名、单位、开庭时间、地点和方式。

（六）开庭审理

行政二审程序与一审基本相同。

1. 开庭准备

（1）书记员查明当事人和其他诉讼参与人是否到庭。

（2）书记员宣布法庭纪律："请大家肃静，现在宣布法庭纪律。"

（3）书记员宣布："全体起立，现在请本案审判长、审判员入庭。"

（4）书记员待审判人员就座后，宣布："全体坐下。"然后向审判长报告当事人及诉讼代理人到庭情况。

2. 宣布开庭

（1）审判长宣布开庭。先敲击法槌，然后宣布开庭，同时宣布案由、审理方式。

（2）审判长核对当事人及其他诉讼参与人身份情况。审判长宣布，现在核对当事人及其他诉讼参与人身份情况。当事人按照上诉人及其代理人、被上诉人及其代理人、第三人及其代理人的顺序向法庭陈述自己的身份情况。

（3）审判长宣布合议庭组成人员及书记员名单。

（4）审判长告知当事人诉讼权利和义务。

（5）审判长按照上诉人、被上诉人、第三人的顺序依次询问当事人是否听清权利宣告以及是否申请回避。若当事人对审判人员提出回避申请，符合法律规定的，宣布休庭，待重新组成合议庭后再行开庭；不符合法律规定的，可以当庭驳回回避申请。若对审判人员之外的其他人员提出回避申请，如书记员、鉴定人、勘验人、翻译人，处理原则与对审判人员提出回避的原则相同。

3. 法庭调查

审判长宣布："现在进行法庭调查。"

（1）审判长概述或者宣布原审判决，并询问双方当事人是否收到其判决。

（2）上诉人宣读上诉状，或者口头陈述诉讼请求以及事实和理由。

（3）被上诉人宣读答辩状，或者口头陈述答辩内容。

（4）审判长根据上述陈述归纳总结本案争议的焦点。

（5）当事人围绕争议点出示证据和质证，具体顺序与一审相同。

当事人举证完毕，审判人员可以宣读或者出示合议庭调查收集的证据，当事人可以对该证据进行质证。最后，审判长询问当事人有无新的证据出示，是否需要向对方当事人发问。

在对法庭调查认定的事实和当事人争议的问题进行总结后，审判长宣布法庭调查结束。

4. 法庭辩论

审判长宣布："下面进行法庭辩论，请诉讼双方围绕争议焦点展开辩论。"

（1）上诉人及其诉讼代理人发言。

（2）被上诉人及其诉讼代理人发言。

（3）第三人及其诉讼代理人发言。

（4）互相辩论。

（5）审判长按照上诉人、被上诉人的顺序征询当事人是否还有新的辩论意见。如果有，在第二轮辩论开始前，审判长可以对第一轮辩论意见进行简要归纳，引导当事人进行辩论。如果没有，则宣布法庭辩论结束。

5. 合议庭评议

审判长宣布："现在休庭，合议庭进行评议。"

（1）合议庭成员退庭。

（2）在审判长主持下进行评议。评议时，先由承办法官就案件事实是否清楚，证据是否充分以及适用法律等内容发表意见，审判长最后发表意见；审判长是承办法官的，审判长最后发表意见。合议庭评议时应当制作笔录，如实记录每位成员的意见，尤其是少数不同意见。最后，合议庭成员应当在记录上签字。

6. 宣判

无论案件是否公开审理，都应当公开宣告判决。

（1）书记员宣布："全体起立，请审判长、审判员入庭。"

（2）待审判人员入座后，书记员宣布："请坐下。"

（3）审判长宣布："现在继续开庭。"

（4）审判长宣布判决内容，包括认证结论、裁判理由和裁判结果。

（5）在审判长宣布最终审判结果前，由书记员宣布："全体起立。"

（6）审判长宣布最终结果，判决宣布完毕，审判长敲击法槌。

（7）书记员宣布："请坐下。"

（8）审判长宣布闭庭（先宣布闭庭，后敲击法槌）。

7. 当事人审阅笔录并签名

（1）散庭后，书记员向诉讼参加人交代阅读笔录的时间和地点。能够当庭阅读的，请诉讼参加人阅读并签名。

（2）诉讼参加人阅读笔录并签名。

应当注意的是，根据《行政诉讼法》的规定，行政诉讼中不适用调解。但是，对于行政赔偿、补偿以及行政机关行使法律法规规定的自由裁量权的案件可以调解。调解的程序如下：

第一，经过法庭调查和法庭辩论后，审判长可以征询当事人的意见，是否愿意进行调解。调解应当遵循自愿原则，有一方当事人不同意调解的，合议庭不能进行调解。

第二，若当事人都表示愿意调解，审判长依次询问上诉人、被上诉人和第三人的意见。法院也可以根据各方当事人的意见和要求提出调解方案，供当事人参考。

第三，经过调解达成协议的，当事人应当在调解协议上签字。法院应当根据协议内容制作调解书并送达当事人。